불로소득 환수형
부동산체제론

불로소득 환수형 부동산체제론
—부동산공화국 탈출하기

2021년 7월 9일 초판 1쇄

지은이 | 남기업

편   집 | 김희중
제   작 | 영신사

펴낸이 | 장의덕
펴낸곳 | 도서출판 개마고원
등   록 | 1989년 9월 4일 제2-877호
주   소 | 경기도 고양시 일산동구 호수로 662 삼성라끄빌 1018호
전   화 | (031) 907-1012, 1018
팩   스 | (031) 907-1044
이메일 | webmaster@kaema.co.kr

ISBN 978-89-5769-483-1 (93330)
ⓒ 남기업, 2021. Printed in Goyang, Korea

불로소득 환수형 부동산체제론

부동산공화국 탈출하기

남기업 지음

개마고원

불로소득 유발체제를 끝내자!

한번 생각해보자. 자녀가 중고등학교에 다니고 연소득 7000만 원 안팎이 되는 1주택자가 어느 날 갑자기 2억 원 상당의 현금이 생겼다고. 그 돈으로 무엇을 할까? 십중팔구는 전세를 끼고 집을 사려고 할 거다. 왜 그럴까? 우리는 그 답을 다 알고 있다. 다른 곳에 투자하는 것보다 훨씬 많은 이익을 남길 수 있으니까.

대개의 경우 4억 원 전세 안고 자기 돈 2억 원을 얹어 시가 6억 원짜리 집을 사고(현재 1주택자는 새로운 주택을 매입할 때 대출은 받을 수 없다), 집값이 10억 원, 12억 원으로 오를 때까지 기다리다가 적당한 때에 파는 걸 선택한다. 웬만큼 양도세를 낸다고 해도 최소 3~5억 원이 손에 떨어질 게 뻔한데 그 돈을 은행에 예금하거나 주식·펀드에 투자할 사람이 과연 얼마나 될까? 오히려 가만히 앉아서 수억을 손에 넣는 짜릿한 경험을 한 사람은 더 많이 오를, 더 비싼 집을 사서 더 큰 시세차익을 얻으려고 부동산을 알아보러 다닐 것이다.

법인(회사)도 마찬가지다. 회사가 기술개발과 경영혁신으로 이윤을 추구하는 동시에 부동산 매입에도 열을 올리는 이유는 그게 다른 무엇보다 안전하고 더 많은 이익을 보장하기 때문이다. 기술개발이나 경영혁신은 실패할 위험성도 크지만, 부동산을 통한 돈벌이는 위험성은 낮고 보장되는 수익의 규모는 엄청나다. 그래서 우리나라의 법인들이 OECD의 다른 나라보다 9배 정도 되는 많은 돈을 땅 사는 데 쏟아붓는 것이다.

그러나 개인과 법인이 엄청난 초과이익을 누릴 수 있어서만 부동산 매입에 관심을 두는 것은 아니다. 그렇게 하지 않으면 손해가 될 수도 있기 때문이다. 기준금리가 지금처럼 낮으면 은행이자는 물가상승률보다 낮을 수 있는데, 이런 경우 은행에 돈을 넣어두고 있으면 상대적으로 손해다. 그리고 부동산을 매입하지 않고 사무실이나 땅을 임대해서 사용하는 법인도 임대료가 폭등하면 이 역시 손해다. 또 땅값이 쌀 때 사업 확장을 대비해 미리 사놓지 않으면 나중에 땅값이 폭등해 막대한 자금을 땅 사는 데 써야 하는 손해가 발생할 수도 있다.

사정이 이러하므로 더 많은 이익을 남기기 위해서든, 손해를 피하기 위해서든 부동산으로 돈 버는 일은 개인과 법인 입장에서는 매우 합리적인 경제행위가 되는 것이다. 더구나 개별 법인과 개인의 눈으로 보면 부동산으로 번 소득이 불로소득인지, 노력 소득인지 구분도 되지 않는다. 부동산을 알아보러 다니는 행위도 다 노력은 노력이기 때문이다. 용도를 변경하여 땅값을 높이기 위해 구청과 시청과 군청을 드나들고, 비슷한 이해관계를 가진 사람들과 모임을 조직해서 목소리를 높이고, 정치인을 찾아가는 것도 다 그런 나름의 노력이다. 그 관점에서 보면 투기가 아니라 투자이고, 불로소득이라는 비판은 시기심의 발로로 보일 뿐이다.(왜 불로소득인지에 관해서는 2장 참조)

그래서 이 책은 부동산으로 돈 버는 것, 그것은 잘못이라는 도덕적 비난을 이제 그만하자고 주장한다. 부동산 투기는 도덕적 양심에 호소한다고 해결될 일이 아니다. '체제'로 작동하기 때문이다. 이 체제 안에 있는 한 개인도, 법인도, 심지어 정부도 부동산으로 돈을 벌려고 노력하는 것은 너무도 자연스러운 행위이다. 다시 말해서 이 '체제' 안에서 모든 경제주체가 최선을 다할 뿐이다. 이 땅에서 산업화가 전개된 이후부터 민간과 정부가 불로소득 누리기 경쟁을 해온 까닭은 우리나라 사람들이 유달리 부동산을 좋아해서가 아니라 엄청난 부동산 불로소득이 유발되는 체제였기 때문이다.

이런 까닭에 이 책은 부동산체제를 '불로소득 유발형'에서 '불로소득 환수형'으로 전환하자고 주장한다. GDP를 증가시키고 고용을 창출하는 행위, 다시 말해서 개인은 물론이거니와 사회 전체에게도 유익한 결과를 낳는 경제행위는 장려하는 반면, 개인에게는 유익하나 사회 전체에게는 해가 되는 부동산 투기는 단념하도록 체제를 바꾸자는 것이다. 쉽게 말해서 부동산을 가지고 있어도 다른 곳에 투자한 것보다 기대되는 이익이 크지 않도록 체제를 전환하자는 것이다.

돌아보면 우리는 부동산공화국의 충직한 '신민'이었다. 부동산공화국이 던져주는 불로소득을 누리기 위해 개인과 법인, 나아가 정부까지 경쟁해온 것이 그간의 역사다. 이 과정에서 엄청난 돈을 번 사람들도 있었지만, 전세금 올려줄 돈이 없어서 자살하는 사람들도 있었으며, 쪽방과 고시원, 심지어 비닐하우스로 내몰린 사람들도 상당했다. 이렇게 부동산공화국은 누구에게는 엄청난 수익을 안겨주지만 어떤 이에게는 좌절과 피눈물을 안겨준다.

부동산공화국에서 탈출하기 위해 가장 먼저 무엇을 해야 할까? 우리는 '질문하기'라고 생각한다. 질문은 부동산공화국의 실체에 접근하도록 우리를 인도하고, 탈출하는 방법을 발견하도록 돕는다. 언제나 어디서나 질문하는 사람이 희망이다. 부동산공화국은 거대한 부동산 불로소득 위에 세워진 나라다. 부동산공화국은 대다수의 시민들을 불안하고 억울하게 만든다. 공동체의 지속가능성을 쉼 없이 위협한다. 부동산공화국은 본질상 '만인에 대한 만인의 투쟁' 사회이기 때문이다. 바로 이와 같은 생각에서 나는 부동산공화국에서 탈출해서 민주공화국으로 나아갈 수 있도록 '불로소득 환수형 부동산체제'를 한국 사회에 내놓게 되었다.(더불어 책 내용과 관련해 하나 밝혀둘 것은, 1장과 3장은 이진수 연구위원이, 4장과 8장은 이태경 부소장이 쓴 초고를 수정 보완해서 완성했다는 점이다. 따라서 이 책은 우리 '토지+자유연구소'의 공동저작이라고 해도 손색이 없을 것이다.)

마지막으로 이 책이 나오기까지 도움 주신 분들에게 감사의 말을 전하고 싶다. 이 책은 토지+자유연구소 후원자인 손도희 님의 지원에 크게 힘입었다. 손도희 님은 2019년 말 연구소를 방문해서 귀한 연구에 보태달라며 적지 않은 액수를 후원해주셨다. 이 지면을 통해서나마 감사의 마음을 전한다. 또 바쁜 일정 속에서도 귀한 추천사를 써주신 이재명 경기지사님과 경북대 이정우 명예교수님, 그리고 건국대 최배근 교수님께도 감사의 말씀을 드린다.

책을 쓰는 일은 지극히 반사회적인(?) 작업이고 가족들에게는 부담을 주는 일이다. 휴일도 없이, 수시로 새벽까지 글을 쓰는 동안 가족들은 알게 모르게 나를 많이 배려해줬다. 아내 조영임과 아들 재현, 딸 성현에게 미안함과 고마운 마음을 전한다.

2021년 6월 필동 희년평화빌딩에서

남기업 씀

차례

1부

부동산공화국의 현실

1

상상을 초월하는 부동산 소유 불평등

다시 '지주의 나라'가 된 대한민국

언제부터인가 '대한민국은 부동산공화국'이란 말이 우리에게 전
혀 낯설지 않다. 공화국 앞에 '민주'가 아니라 '부동산'이 붙은 이유
는 대한민국의 진짜 주인이 전체 국민이 아니라, 고가의 부동산을 과
다하게 소유한 사람들이기 때문이라고 한다면 지나친 걸까? 아니다.
대한민국이 부동산 중심으로 돌아가고, 부동산 소유주들의 이익을
우선시한다는 증거는 차고 넘친다. 언론 기사들만 살펴봐도, 집 없는
서민의 설움이나 어려움을 말하는 기사보다 부동산 관련 세금이 얼
마나 될지 걱정하는 기사들이 더욱 많다. 정치인들도 집 가진 유권자
들의 표심에 노심초사하며, 선거에서 지기라도 하면 바로 부동산 관

련 규제를 푸는 식의 제스처를 취한다. 2021년 4월 재보궐 선거에서 참패하자, 여당인 민주당이 재산세와 종합부동산세를 낮추고 주택담보대출 한도를 늘린 것이 단적인 사례다.

왜 한국 사회의 여론은 부동산 소유자들 쪽으로 기울어져 있는가? 부동산을 소유했다는 건 경제력이 높다는 뜻이며, 이는 그 자체로 자본주의 사회에서 그들의 발언에 더 힘이 실릴 근거가 된다. 이에 더해 부동산을 소유한 사람들은 그렇지 못한 이들보다 정치적 의사를 표현할 물질적·정신적 여유가 많다. 특히 집과 건물을 여러 건씩 소유한 부자들은 다른 이들의 환심을 사기도 쉽고, 부동산과 그로부터 나오는 소득을 가지고 수많은 유·무형의 네트워크를 만들 수 있으며, 이를 통해 여론에 상당한 영향을 미칠 수 있다.

반면 부동산이 없다는 건 소득수준이 낮고, 물려받은 재산도 없다는 뜻이다. 이렇게 생활과 주거가 불안정한 사람이 이런저런 의견을 들으면서 자기 입장을 정리해 정치적 의견을 내는 건 쉽지 않은 일이다. 오히려 집 없는 이들이 여론에 휘말려 부동산 과다보유자들에게 도움이 되는 정책과 주장을 지지하게 되는 경우도 적지 않다. 가장 기본적인 정치적 의사표현인 투표에서도 부동산 소유 유무에 따라 큰 차이가 난다. 이른바 강남 3구의 투표율이 다른 지역구보다 늘 높은 건 우연이 아니다.

물론 우리 사회가 처음부터 부동산공화국이었던 것은 아니다. 1948년 정부 수립 후 한국의 가장 큰 과제는 농지개혁이었다. 당시 절대다수 국민에게 일제로부터의 독립이란 내 땅에서 '맘 편하게 농사지어 먹고사는 세상'이 되는 것을 의미했고, 정부 수립 후 대통령과 국회는 이 열망을 받아안아 농지개혁을 성공적으로 마무리했다. 그 결과 무려 96% 농민이 자작농이 되었는데(박명호 2013, 83~87쪽), 이 는 혁명이라고 해도 과언이 아니다. 남미나 동남아시아의 옛 식민지 국가들 중에는 독립 이후 농지개혁에 실패하는 바람에 지주 계급이 존속한 경우가 많으며, 이들이 그 나라 국가기구를 매수·장악해 사회경제적 개혁을 저지하곤 했다. 하지만 한국에서는 평등한 토지 분배가 이루어져 지주 계급이 사라질 수 있었고, 이는 높은 교육열과 유능한 인재의 배출을 가능케 하는 중요한 토대가 되어 성공적인 산업화도 이끌어냈다.

그러나 이렇게 지주의 나라에서 자영농의 나라가 된 대한민국은 도시화와 산업화를 거치면서 다시 '지주의 나라'로 전락해버렸다.

개인: 해방 직후보다 더 나빠진 토지 소유 상태

1989년, 부동산 투기 바람이 전국을 강타하며 전국의 지가가 급등했다. 그러자 그해에 하나의 대안으로 토지공개념 3법(택지소유상한제, 토지초과이득세, 개발이익환수제)이 제시되었지만 당시 여당인 민정당 내에서는 이 법이 '사회주의적'이라며 입법화에 부정적인 기류가 강했다. 이런 기류를 일거에 뒤집은 것이 바로 "상위 2.8%의 가구가 전체 사유지의 51.5%를, (토지소유자 중) 상위 5%의 소유자가 65.2%의 토지를 소유하고 있다"는 토지 소유 통계 발표였다. 그전까지 막연하게 느끼고만 있었던 토지 소유 불평등이 수치로 드러나며 그 여파로 다시 여론이 들끓자 민정당 내 반대론자들이 힘을 잃어버렸고, 결국 토지공개념 3법은 입법화되기에 이른다.(국정브리핑 특별기획팀 2007, 227쪽)

그렇다면 정확히 30년이 지난 2019년 토지 소유 현황은 어떻게 달라졌을까? 토지 소유 불평등이 줄어들었을까? 아니다. 오히려 불평등이 더 심해졌다!

우리나라 전체 세대의 상위 1.2%가 소유하고 있는 토지 면적은 2012년 42.6%에서 계속 증가하여 2019년에는 43.5%가 되었고, 상위 2.5%의 세대가 소유한 면적은 2012년 56.5%에서 2019년에는 57.4%로 높아졌다.(kosis.kr) 1989년 2.8%의 가구가 51.5%의 땅을 소유했던 것보다 토지 소유 불평등 정도가 심해진 것이다. 그리고 우리는 토지를 조금이라도 소유하고 있는 세대가 전체 세대(2248만 세대)의 61.3%(1379만 세대)이며 나머지 38.7%(870만 세대)는 토지를 소유하고 있지 않다는 점을 명심할 필요가 있다. 무려 40% 가까이 되는 세대는 한 평의 땅도 가지고 있지 못한 것이다.

그러면 개인 소유 토지의 전체 불평등 정도는 어떨까? [도표 1]은 개인 소유 토지의 전모를 파악하기 위해서 토지를 소유하고 있는 세대의 100분위별 평균 토지가액을 나타낸 것이다. 풀어 말하면 1380만에 이르는 토지 보유 세대를 그들이 보유한 토지 가격을 기준으로 해서 100개 단위로 쪼개고, 토지 가격이 가장 낮은 단위부터 높은 단위까지 쭉 한 줄로 세워본 것이다. 그러니까 1분위는 보유한 토지의

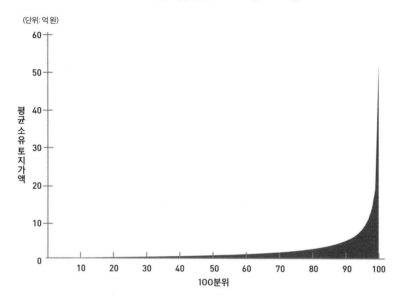

(단위: 억 원)

평균소유토지가액 / 100분위

평균가격이 가장 낮은 13.8만 세대이고, 100분위는 가장 비싼 토지를 보유한 13.8만 세대이다.

[도표 1]의 세로축 길이를 사람의 키라고 한다면, 처음에는 바닥에 붙어 있어서 보이지도 않는 '난쟁이'들이 등장한다. 그러다 80분위가 지나면 '어린이'가 등장하고 90분위가 지나면 '성인'이, 95분위를 지나면 키가 급격하게 커지다가 100분위로 가면 '거인'이 등장하는 걸 알 수 있다. 전체 세대의 평균 토지가액은 2억3400만 원인데, 1분위 세대가 보유한 토지의 가격은 100만 원도 채 되지가 않는다. 정가운데인 50분위 세대에서도 평균 토지가액은 8400만 원이며, 전체 평균은 78분위쯤 되어야 도달한다.

그러다 그래프는 점점 급격히 상승해서 95분위 세대의 평균 토지가액은 7억7800만 원, 97분위는 10억7100만 원, 99분위는 18억5000만 원이 된다. 마지막 99분위와 100분위(가장 비싼 땅을 보유한 이들)의 차이가 가장 크다. 100분위의 평균 토지가액은 51억6800만 원으로 99분위의 2.79배나 된다. 만약 100분위가 아니라 1000분위로 했다면 토지 소유 불평등도의 심각성은 더 두드러져 보였을 것이다.(게다가 이 그래프에는 토지를 소유하지 못한 38.7% 세대는 포함되지도 않았다는 점을 유념할 필요가 있다.)

다음으로, 불평등을 나타낼 때 가장 많이 사용하는 지니계수를 통해 토지 소유 불평등 정도를 알아보자. 지니계수에서 0은 완전히 평등한 상태를, 1은 완전히 불평등한 상태를 의미한다. 통상 0.8을 넘으면 불평등이 극심한 것으로 평가하는데, 2019년 토지 소유 지니계수는 무려 0.811이다.[1] 전년도인 2018년의 0.809에 비해 0.002p 불평등도가 증가했다. 2019년 가구소득의 지니계수가 0.345[2]이고, 부동산과 금융자산을 다 합친 총자산에서 부채 총액을 뺀 순자산 지니계수가 0.597[3]인 것과 비교하면, 0.811이 얼마나 불평등한 수준인지 알 수 있을 것이다.

지금의 토지 소유 불평등도가 소작농의 불만이 폭발했던 1945년 해방 직후보다 더 나빠졌다면 믿겨지는가? 일제 강점기에서 해방된 1945년 당시 토지 소유 지니계수는 0.73였으며, 그 후 성공적인 농지개혁으로 1960년에는 0.38~0.39 수준으로 하락했다.(유종성 2016, 158~159쪽) 하지만 토지투기 차단 장치를 갖추지 않은 채 도시화와

산업화가 진행되면서 토지는 점차 소수의 손에 흘러들어갔고, 오늘
의 악화 상태에 이르게 된 것이다.

법인: 상위 1% 법인의 토지 소유 비중은 계속 상승

법인의 토지 소유 불평등은 개인의 경우보다 훨씬 심하다.(여기서
법인의 대표가 주식회사이니 법인을 회사로 이해해도 된다.) 2019년 토지
를 소유하고 있는 법인 27만286개 중 상위 1%가 법인 전체가 소유
한 전체 땅값의 73.3%를 차지하고 있는데, 이는 전년도 70.5%보다
2.8%p 증가한 것이다. 개인의 경우는 2019년 현재 토지 소유 세대의
상위 1%가 전체 땅값의 22.1%를 점유하고 있다는 점과 비교하면 편
중 정도가 훨씬 심하다는 걸 알 수 있다. 한편 토지 소유 법인 중 상위
1%가 소유한 토지는 공시지가 기준으로 915.9조 원으로 전년도인
2018년에 비해 무려 177.8조 원이나 증가했고, 상위 1%의 법인 1개당
평균 소유 땅값은 4176억 원으로 전년 대비 563억 원이나 증가했다.
그리고 상위 5%는 가액 기준으로 85.4%, 상위 10%는 90.1%를 소유
하고 있는 것으로 나타났다. 특히 지난 11년간(2007~2017년) 법인의
보유 토지 면적은 2배 가까이(80.3%) 증가했는데, 같은 기간 법인 보
유 토지 중 상위 1% 기업의 토지는 약 2.5배(140.5%), 상위 10%는 2배
(97.1%)가 늘어났다.(심상정 2019) 법인의 토지 불평등이 점점 심해지
고 있는 것이다.

[도표 2]는 토지를 소유한 법인 100분위별 평균 토지가액을 시각

[도표 2] 토지 소유 법인의 100분위별 평균 토지가액(2019년)

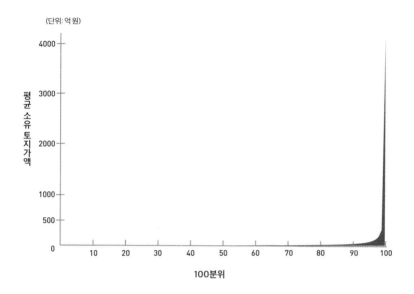

(단위: 억 원)

화하여 나타낸 것으로, 이것을 보면 법인의 토지 독점이 개인들의 경우보다 훨씬 심하다는 것을 알 수 있다. 1~80분위까지는 키가 하도 작아 보이지도 않다가 80분위를 지나 겨우 '난쟁이'가 등장하며, 95분위에 가서 '어린이'가 등장하고, 99분위까지 서서히 커지다가 100분위에 와서는 갑자기 초대형 '거인'이 등장하는 것을 볼 수 있다.(물론 법인은 개인 또는 가구와는 달리 1개 단위의 경제 규모가 주체별로 다르다는 점을 감안해야 한다.)

법인들이 갖고 있는 전체 토지에서 99분위는 가액 기준으로 5.4%(68.1조 원)를 차지하지만, 100분위는 무려 73.3%(915.9조 원)를 차지하고 있다. 그러니까 100분위가 바로 아래 99분위의 13.6배나 더 많은 액수의 땅을 소유하고 있다는 것이다. 더 놀라운 것은 법인이 소유한 토지의 가격이 1년 동안(2018~2019년) 202.1조 원이 증가했는데, 그중 100분위의 증가액이 177.8조 원이라는 점이다. 즉 전체 토지 가격 상승액의 88.0%를 100분위가 차지했다는 것이다. 상위 1%의 법인이 보유하고 있는 땅값이 훨씬 많이 올라서일까, 아니면 땅을 계속 사들인 걸까?

개인은 땅을 팔고 법인은 사들이고

주목할 점은 또 있다. 개인의 토지 점유율은 감소하고 있는 반면, 법인이 소유한 토지의 점유율은 증가하고 있다는 점이다. 전체 토지 중 개인이 소유하고 있는 비율은 가액 기준으로 2005년의 61.3%에서 2019년 59.0%로, 면적도 56.7%에서 50.8%로 감소했다. 반면 법인의 점유율은 가액 기준으로 2005년의 13.6%에서 2019년 16.2%로, 면적은 5.2%에서 7.1%로 증가했다.

법인 소유 토지의 비율이 이렇게 높아진 이유는 뭘까? 기업 등 생산적 활동을 하는 법인이 생산에 필요한 땅이 필요해서 사들인 걸까? 그런 경우도 있을 것이다. 하지만 다른 나라와의 비교해보면 그보단 토지 투기가 주된 원인이라는 게 더 사실에 가까운 듯하다. 예컨대 OECD 국가들에서 최근 11년(2008~2018년) 동안 회사(금융회사는 제외)들이 기계나 건물 등의 자본재에 100을 투자할 때 토지 순구입

(=구입－매각)에 1.5를 투입하는 것으로 나타났다.(즉 100억 원 투자할 때 1.5억 원을 토지 구입에 사용) 그런데 대한민국의 회사들은 생산적 투자에 100을 투입할 때 토지 순구입에 13.6을 쓰는 것으로 나타났다. OECD 국가들의 경우보다 약 9배의 자금을 더 쓴다는 것인데, 우리나라 땅값이 OECD 국가들보다 2배 이상 높다는 점도 원인 중 하나일 수 있지만*, 이것만으로는 다 설명할 수 없는 차이다. 우리나라 법인이 토지 투기에 엄청난 자금을 쏟아붓고 있다고 해야 비로소 설명이 된다.

이것은 경제정의실천연합이 분석한 결과(2019. 2. 26)에서 여실히 드러난다. 이에 따르면 5대 재벌이 소유한 땅값이 10년간(2007~2017년) 장부가로 23.9조 원에서 무려 67.6조 원으로, 43.7조 원(2.8배)이 증가한 것으로 나타났다. 여기서 현실을 정확히 반영하지 않았을 가능성이 있는 장부가액이 아니라 공시지가를 통해서 증가액을 알아보면 어떨까? 국세청이 발표한 상위 10개 법인(상위 10개 법인의 이름은 알 수 없지만, 5대 재벌 계열사가 다수 포함되었을 것으로 추정된다)의 토지 보유 현황을 보면 어느 정도 파악이 가능하다. 그 내용을 보면, 2007년에 공시지가로 102조 원이었던 것이 2017년 385조 원으로 3.8배 증가했고, 면적은 9800만 평에서 5억7000만 평으로 무려 5.8배나 증가했다. 상위 50개 법인으로 넓혀 보면, 공시지가는 2007년 173조 원

● 우리나라의 2019년 GDP 대비 땅값은 4.57배인데, 이는 호주(2.91), 오스트리아(1.73), 캐나다(1.89), 핀란드(0.83), 독일(1.49), 네덜란드(1.79), 영국(2.82)보다 2~3배 높은 수준이다. (stats.oecd.org)

에서 2017년 548조 원으로 3.2배 증가했고, 면적은 3억2000만 평에서 11억 평으로 약 3.2배 증가했다. 지난 10년간의 이 같은 증가는 왕성한 토지투기를 빼고는 설명이 불가능하다.

뒤에서도 자세히 설명하겠지만, 법인이 생산적 투자가 아니라 비생산적 투기에 집중하면 개별 법인의 당기순이익은 올라가더라도, 나라 전체 경제에는 아무 도움이 되지 않는다. 아니 정확히 말하면 경제적·사회적으로 엄청난 손실이 발생한다. 왜냐면 토지투기를 통해서 번 수익은 결국 다른 사람의 손해를 기반으로 한 것이고, 그 과정에서 엄청난 부작용이 발생하기 때문이다.

신규 주택은 다주택자 차지, 고시원·쪽방 거주자는 늘어난다

일반 사람들의 입장에서 부동산이라고 하면 보통 '주택'을 의미한다. 그런데 이 주택에서도 소유 불평등은 계속 확대되고 있다. 지난 7년(2012~2019년) 동안 주택를 소유한 '개인'의 수는 전체적으로 1203만 명에서 1434만 명으로 19.1%가 늘어났다. 그런데 그중에 1채를 소유한 개인은 15.9% 증가한 데 반해, 2채를 소유한 개인의 비율은 38.1%, 3채 이상을 소유한 이는 47.5%나 증가했다. 다주택 소유자 수가 급증한 것이다.

주택 소유 '가구'의 수도 마찬가지 경향을 보이고 있다. 전체 가구에서 주택을 소유한 가구의 수는 2015년 56.0%에서 2019년 56.3%로 0.3%p 증가했다. 그런데 눈여겨볼 것은 주택 소유 가구 중에 1채를 소유한 가구의 비율이 74.5%에서 72.3%로 줄고, 2채 이상 보유한 가구의 비율이 25.5%에서 27.7%로 증가했다는 점이다. 전체 주택 소유 가구 중 다주택가구 비율이 늘어났다는 이야기다.

모두가 집 걱정 없이 살고 있다면, 다주택자가 많이 늘어난다고 문제될 것은 없다. 하지만 여전히 무주택가구 비율이 2019년 현재 43.7%나 되는데, 2~3채씩 가지고 있는 가구가 늘어난다는 건 절대 바람직한 현상이 아니다.

이것은 경실련이 지난 10년(2008~2018) 동안의 주택 보유수 변화를 분석한 데서도 잘 드러난다. 그 10년간 주택이 489만 호 증가했는데, 주택보유 가구는 241만 가구만 늘었을 뿐이다. 나머지 신규 주택 248만 호는 다주택자들이 사들인 것이다. 같은 기간 상위 1%가 소유한 평균 주택수는 3.5채에서 7.0채로 배나 늘었고, 구간을 확대해서 상위 10%의 경우를 보면 2.3채에서 3.5채로 한 책씩은 더 보유 주택을 늘린 것으로 나타났다.

쉼 없이 지어대는 그 많은 새 집은 누가 차지한 것일까? 통계가 말한다. 이미 주택을 소유하고 있는 유주택자 혹은 다주택자가 상당수를 차지했다고. 매년 끊임없이 집을 짓고, 그린벨트를 풀고 신도시를 공급해서 대한민국의 주택보급률은 1995년 73.9%에서 2019년 104.8%로, 24년 동안 무려 30.8%p 높아졌어도, 같은 기간 자가보유율은 53.2%에서 56.3%로 고작 3.1%p 증가하는 데 그친 이유가 바로 여기에 있는 것이다.(kostat.go.kr; kosis.kr)

집값이 너무 오르고 시장에 공급된 새 집의 상당 부분은 이미 집이 있는 사람이 차지하면서, 집 없는 사람들은 점점 더 자기 집 구하기가 힘들어진다. 특히 청년 세대들은 집을 구하지 못해 원룸에 혼자 사는 기간이 길어지고, 그에 따라 결혼을 유예하기도 한다.

젊어서 고생은 사서도 한다는 말은, 백번 양보해도 한시적일 때나 유효한 말이다. 청년들의 원룸 거주 기간은 점차 늘어나는 것으로 추측된다. 통계청이 실시하는 인구주택총조사를 살펴보면, 원룸 거주 기간이 1년 미만이라고 답한 25~29살과 30~34살의 비율 모두 감소한 것으로 나타났다. 대신, 1~2년 혹은 2~3년 미만이라고 답한 비율이 늘었다. 최은영 한국도시연구소 소장은 "주거 변화의 가장 주요한 계기는 결혼이다. 청년들이 방을 전전한다는 것은 생애 이행이 제대로 이뤄지고 있지 않다는 것을 의미한다. 청년은 영끌과 지·옥·고나 월세방살이로 양극화돼 있지만, 정책은 영끌에 더 관심이 가 있다"고 지적했다.(한겨레21, 2021. 5. 24)

주택 임대료도 올라가 부담이 커지면서 고시원·쪽방·숙박업소 등 주택 이외 거처에서 거주하는 사람들도 늘고 있다. 이러한 가구 비율은 2006년 전체 가구의 1.3%에서 2019년 4.6%로 3.5배 증가했는데, 그중에서 저소득층의 증가세가 1.5%에서 7.1%로 두드러졌다. 물론 중소득층과 고소득층의 비율도 증가했지만, 이들은 상대적으로 쾌적한 공간인 오피스텔(현재 오피스텔은 비주택으로 분류된다) 주거를 늘렸을 가능성이 높을 것이다. 반면 저소득층은 고시원이나 쪽방 등

[도표 3] 소득계층별 주택 이외의 거처 비율 추이

(단위: %)

연도	2006	2008	2010	2012	2014	2016	2017	2018	2019
전체	1.3	1.6	1.3	1.7	2.2	3.7	4.0	4.4	4.6
저소득층	1.5	1.8	1.7	1.7	2.3	5.1	6.5	6.9	7.1
중소득층	1.4	1.6	1.2	1.8	2.2	3.5	2.7	3.3	3.8
고소득층	0.8	1.0	1.0	1.7	2.2	1.4	1.4	1.3	1.6

열악한 공간으로 밀려났을 가능성이 높다.

대한민국의 부동산 소유 불평등을 현실에서 확인해가다 보면 그 것이 늘 상상을 초월하곤 한다는 사실을 깨닫게 된다. 토지의 경우 멀게는 지주소작제의 모순이 폭발 직전에 이른 해방 직후보다 더 불 평등한 상태이고, 가깝게는 토지투기가 전국을 강타한 1980년대 말 토지공개념 3법이 도입되었을 때보다 더 나빠졌다. 생산 활동에 매진 해야 할 기업도 땅을 꾸준히 사들이고 있다. 다주택자 비율도 꾸준히 늘어가고 있다. 집을 새로 지으면 상당수는 유주택자 혹은 다주택자 들이 사들이는 투기도 계속 이어지고 있다. 반면 집이 없는 사람들은 오르는 임대료와 보증금을 걱정하며 전전하고, 거기서도 밀려나 쪽 방·고시원·비닐하우스 등에 거주하는 사람들이 계속 증가하고 있 는 것이 현재 대한민국의 암울한 풍경이다.

2

부동산 불로소득의 나라, 대한민국

부동산 불로소득이란 무엇인가?

왜 사람들은 자기가 사용하지 않을 땅과 집과 건물을 소유하려는 걸까? 오늘은 이 집에서 자고 내일은 저 집에서 자려고 집을 여러 채 가지려는 걸까? 도시 거주자가 수도권 근교의 농지를 소유하려는 이유가 단순히 농사가 목적일까? 아니면 어느 장관 후보자가 인사청문회에서 했던 말처럼 땅을 사랑해서일까?* 청소년들이 장래에 되고 싶은 직업으로 건물주를 이야기하는 건 왜일까? 기술개발과 경영혁신으로 이윤을 추구하고 일자리를 만들어야 할 회사가 땅을 사들이는 데 여타 OECD 국가들보다 9배나 많은 돈을 쏟아붓는 이유는 뭘까?

사실 우리는 그 이유를 아주 잘 알고 있다. 초등학생들도 알고 있다. 일단 건물을 사두면 임대료도 건물값도 계속 오른다는 것을. 그 래서 부동산은 잠만 자도 저절로 그 가격이 올라 이익을 얻게 된다는 것이다. 이른바 부동산 불로소득이다.

그런데 왠지 찜찜한 것이 있다. '불로소득'이라는 용어가 걸린다. '불로不勞'라는 말은 노동을 하지 않았다는 뜻이다. 그러나 부동산으로 돈을 버는 사람이 일을 하지 않았나? 분명 일을 했다. 부동산 알아보려고 얼마나 많은 고민을 하고 고생을 하는가. 현장 방문도 해야 하고, 정보도 취합하고 분석해야 한다. 부동산시장을 예의주시해야 하는 건 기본이다. 이런 까닭에 부동산으로 돈을 벌려는 사람 입장에서 보면 불로소득이란 말은 정말 기분 나쁜 말이다. 자신은 열심히 연구하고 노력해서 돈을 번 것인데, 게으른 사람이 시기심으로 폄하한 다고 비난하기도 한다. 개인 입장에서 보면 노력 소득이고 '투기'가 아니라 '투자'다.

그리고 최근 이런 분위기가 확산이 된 까닭인지 한 여론조사에서는 부동산으로 번 돈이 불로소득이 아니라고 답한 사람이 응답자의 41.5%나 됐다고 한다.(국민일보, 2021. 1. 1) 또 예기치 않게 개발 예정지로 지정되어 땅값이 올라 돈을 많이 번 경우에도, 내가 노력해서 땅값이 올라간 건 아니지만 그래도 투기한 건 아니라고 항변하기도 한다. 모두 일리가 있는 말이다.

그렇다면 불로소득이란 말이 잘못된 건가? 그저 시기심이 만들어 낸 말인가? 아니다. 여기서 중요한 것은 어디서 바라보느냐다. '불로소득'이란 말은 철저히 전체 사회의 관점에서 바라본 용어다. 돈을 벌기 위해서 집과 건물을 알아보러 다니는 행위는 개인적 관점에선 '노력'이지만, 사회적 관점에서는 부가가치를 창출하지 못한다. 그래서 그런 행위를 사회과학에서는 비생산적 경제활동, 좀 더 그럴싸한 말로 '지대추구행위rent seeking behavior'라고 부른다. 즉 불로소득인지 아닌지의 여부는 개인적 관점이 아니라 사회적 관점에서 봤을 때 파악이 가능하다. 부근에 아파트 단지가 새로 들어오고 전철역과 공원이 생기면 그 지역 땅의 활용 가치가 늘어나고 자연히 땅값도 올라가게 된다. 그러나 그 땅의 가치를 올린 것은 정부와 사회이지 그 땅 주인이 아니다. 따라서 그 가치를 땅 주인 혼자 누리는 것도 명백한 불로소득이다. 강남의 비싼 땅값은 강남의 땅 소유주가 노력한 결과가 아니다. 수십 년 동안 정부가 강남 중심 정책을 추진한 결과다. 만약 정부가 가평이나 남원 중심 정책을 추진했으면 가평이나 남원의 땅값이 지금보다 수백 배 올라 있을 것이다.

한번 생각해보자. 대한민국 모든 사람이 아침에 일어나서 모두 땅과 건물과 집을 알아보러 다닌다고. 그럼 어떻게 될까? 땅값과 집값과 건물값은 상승하겠지만, GDP는 1도 늘어나지 않는다. 대한민국모든 땅값이 1억씩 올라도, 사람들에게 유용하게 사용되는 재화나 서비스가 늘어나는 건 아니기 때문이다.(GDP는 일정 기간 동안 한 나라 안에서 새로 생산된 가치를 측정하는 것이며, 매매차익은 포함되지 않는다.) 또 오히려 다른 생산적 활동을 할 시간에 땅을 보러 다니느라 생산이 감소할 수도 있다.

이것이 본질이므로 부동산 가격이 폭등하면 과다보유자는 엄청난 돈을 벌고 무주택자들은 손해 날 아무짓도 안 했는데 더 가난해지게 된다. 집값 폭등으로 전월세도 올라가서 실질 소득은 줄어들고, 집을 사야 할 경우라면 훨씬 많은 돈을 저축하거나 대출받아야 하기 때문이다. 가격이 올라서 돈 번 사람과 이렇게 손해 본 사람의 손실을 더 하면 제로가 된다. 부동산 불로소득은 바로 이런 성격을 지닌 까닭에 이 땅에 사는 수많은 사람들이 그 때문에 분노하는 것이다.

이런 설명에 대해서 어떤 이는 주식도 마찬가지 아니냐고 말할지도 모르겠다. 주식을 보유했을 때 배당이익이 은행이자보다 높을 수 있고, 주식을 팔았을 때 매매차익이 생기지 않느냐는 것이다. 맞다. 그것도 불로소득이고 그걸 노리고 하는 행위도 투기다. 그러나 주식은 처음에 발행했을 때 자금을 융통해주는 순기능을 한다. 은행에서 대출받아서 사업을 하면 원금과 이자를 갚아야 하지만, 주식을 발행하면 배당이익만 정기적으로 지급하면 되고 원금을 갚을 필요가 없다. 사업자 입장에서는 주식시장을 통해서 자금을 조달하는 게 유리하다.

그리고 아무리 주가가 오르락내리락하고 어떤 이는 돈을 많이 벌고 어떤 이는 심지어 원금을 날려도 그것은 시장에 참여한 사람들끼리의 일이다. 주식시장에 참여하지 않은 사람에겐 거의 피해가 없는 것이다. 하지만 주택을 중심으로 하는 부동산은 생활에 필수적인 것이기 때문에 부동산 투기에 참여하지 않은 사람도 막대한 해를 입는다. 아무 잘못도 안 했는데 무주택자는 집값이 오르고 임대료가 뛰어서 삶이 더 팍팍해지게 된다. 이런 까닭에 부동산 불로소득은 불로소

득 중에서도 가장 악성인 것이다.[5]

그러면 이제 부동산 불로소득이 무엇인지 정확히 정의해보자. 물론 부동산에서 발생하는 소득이 다 불로소득은 아니다. 부동산소득 안에 부동산 불로소득이 포함되어 있다. 금융소득이 금융에서 발생한 소득임을 말하는 것처럼, 부동산소득은 부동산에서 발생하는 이익을 말한다. 부동산소득은 부동산을 보유했을 때 얻는 이익(임대소득)과 부동산을 팔았을 때 얻는 이득(자본이득)의 합이다.

하지만 자본이득은 팔았을 때만 생기는 것은 아니다. 정확히 말하면 자본이득은 팔지 않고 가지고 있지만 가격이 오른 것을 나타내는 '잠재' 자본이득과, 팔아서 매매차익을 손에 쥔 '실현' 자본이득으로 나뉜다. '잠재'와 '실현'의 차이는 말 그대로 현금화의 여부다. 하지만 '잠재' 자본이득도 하나의 소득임은 분명하다. 마음만 먹으면 현금화할 수 있고, 그것을 소득으로 간주해야 부동산 소유자와 부동산을 소유하지 않은 사람 간의 경제력 차이를 정확히 드러낼 수 있다.

임대소득도 보통 다른 사람에게 부동산을 임대했을 때만 발생한다고 여기는 경향이 있는데, 소유주가 직접 사용하는 부동산에서 발생하는 소득도 임대소득이다. 이 경우에는 자신에게 되돌아간다고 해서 귀속임대료, 즉 귀속임대소득imputed rent이라고 부른다.[6] 그런데 직접 벌어들이는 게 아닌데 이 경우를 소득으로 간주해야 하느냐는 의문이 있을 수도 있어 좀 더 설명해보자. 예를 들어 임금소득이 연 5000만 원인 두 사람 모두 매월 월세가 100만 원 정도 되는 집에 거주한다고 가정해보자. 그런데 한 사람은 무상으로 그 주택에서 거주하고 다른 한 사람은 세입자로 살고 있다. 그러면 이 두 사람의 재정 상황이 똑같다고 봐야 할까? 아니다. 무상으로 주어진 주택에 거주하는 사람이 유리하다. 그럼 그 '유리'가 무엇이고 그것을 어떻게 표현할 수 있을까? 내지 않고 있는 월세를 소득으로 간주하면 된다. 자가주택에 사는 사람은 매년 1200만 원의 귀속임대소득을 누린다고 볼 수 있는 것이다.

이제 부동산 '불로소득'의 개념을 최종적으로 정의할 때가 되었다. 이 책에서는 매매차익이라고 불리는 실현 자본이득과 임대소득 중 해당 부동산 매입자금의 평균수익률(예컨대 은행이자율)을 초과한 부분만 불로소득이라고 간주하려고 한다. 부동산을 사지 않고 다른 곳에 투자했어도 은행이자율만큼의 소득은 올렸을 것이므로, 이자를 초과한 만큼의 임대소득만 불로소득으로 간주하는 것이다.

부동산소득을 어떻게 추산할 수 있을까?

부동산 불로소득을 계산하기 위해서는 먼저 부동산소득이 얼마인지부터 알아야 한다. 여기서는 매해 가격이 올라간 것을 의미하는 잠재 자본이득, 매매차익을 의미하는 실현 자본이득, 부동산의 임대 가치를 말하는 임대소득, 그리고 임대소득에서 매입금액의 이자를 공제한 순임대소득을 통해 부동산소득과 부동산 불로소득을 구하려고 한다. 다행히 잠재 자본이득은 한국은행이 '건설 자본이득'과 '토지 자본이득'을 구분해서 데이터를 제공하고 있다. 건설 자본이득은 건물값이 올라서 생긴 이득을 말하고, 토지 자본이득은 땅값이 올라서 생긴 이득을 의미한다.

하지만 실현 자본이득인 매매차익 통계는 정부가 마련하지 않고 있다. 매매차익을 정확히 알려면 해당 부동산을 언제 얼마에 매입하고 매각했는지를 알아야 하지만, 현재 정부는 그런 자료를 제공하지 않는다. 자본이득의 경우, 가장 손쉽게 접할 수 있는 자료는 국세청이 제공하는 양도소득세(양도세) 통계다. 그러나 양도세 통계를 통해서 자본이득을 추정하는 것 역시 한계가 크다. 왜냐면 매매차익이 발생했지만 양도세를 부과하지 않는 경우는 이 통계에 잡히지 않기 때문이다. 현재 9억 원 미만의 1가구 1주택은 양도세를 부과하지 않고 있으며, 2주택이라도 양도세를 납부하지 않는 경우가 있고, 그 이외에도 양도세를 안 내거나 감면하는 경우가 상당하다. 또 법인이 얻은 매매차익은 법인세 대상이어서 이 통계에 잡히지도 않는다. 그러므로 양도세 통계를 통해 매매차익을 구하게 되면 매매차익의 규모를 축소하는 결과를 낳게 된다. 물론 다른 연구들처럼 국책연구원이 제공한 자료를 활용할 수도 있으나 그 자료는 모든 소유자를 조사하는 전수조사가 아니고 표본집단을 뽑아서 조사하기 때문에 한계가 많다. 표본집단이 과연 전체를 대표할 수 있는지도 의문이고, 조사대상 중 부동산 부자들이 제대로 답변하지 않는 문제도 있기 때문이다.

그러므로 여기서는 취득세 통계를 통해서 부동산 평균 보유기간을 구하고, 그것으로 실현 자본이득을 추산하는 방법을 사용할 것이다. 평균 보유기간을 구하면 올해에 매각한 부동산을 언제 매입했는지 알 수 있고, 그렇게 되면 매매차익을 알아낼 수 있다.

부동산 평균 보유기간을 구하는 절차는 이렇다.

①취득세의 유형 분류에 따라 부동산을 '주택' '일반건축물(부속토지 포함)' '토지(주택과 일반건축물의 부속토지는 제외)'로 구분하고, 해당 연도의 취득세 통계를 구한다.*

②취득세 통계를 통해 매년 거래된 부동산 총액을 구한다. 그해에 거둔 총 취득세액을 취득세율로 나누면, 그해 거래된 부동산 총액을 알 수 있다.(거래된 부동산 가격×취득세율=취득세이므로, 취득세÷취득세율=부동산 가격)

③해당 연도의 각 유형별 부동산 거래비율을 구한다. '거래비율'은 거래된 부동산 총액을 전체 부동산 총액으로 나눈 값이다. 예를 들어 해당 연도의 주택거래 추산액이 100조 원이고 전체 주택의 시장가치가 1000조 원이면, 전체 주택의 10%(100/1000)가 거래된 것이다.

④유형별 부동산의 평균 보유기간을 구한다. 평균 보유기간은 해당 연도 '부동산 거래비율'의 역수다. 예를 들어 해당 연도에 거래된 비율이 8.3%이면 평균 보유기간은 12년이 된다.(=1/0.083) 그 이유는 1년에 전체 부동산의 8.3%(즉 1/12)가 거래되었다면, 모든 부동산 소유자의 보유·거래 행태가 동일하다고 가정할 경우 12년 후에는 모

● 취득세액에서 취득 원인 중에 일반적인 거래를 통해서 취득한 '유상' 취득과 민간의 취득세 감면에서 '유상' 분만 대상으로 했음을 밝혀둔다. 부동산 유형별 '유상' 취득세 자료는 용혜인 의원실에서 전국 모든 시도 광역 자치단체에 요청해서 제공했다.

든 부동산이 새로운 주인을 갖게 될 것이기 때문이다. 부동산 소유주들이 평균적으로 12년 정도 부동산을 보유한다고 볼 수 있는 것이다. 이러한 방식으로 계산해보면 2007년에서 2019년까지 유형별 부동산 평균 보유기간은 주택이 12년, 일반건축물이 19년, 토지가 18년이다.·

　다음으로, 해당 연도의 실현 자본이득은 다음과 같이 구한다. 기본적으로 당해 연도의 실현 자본이득(즉 매매차익)은 평균 보유기간만큼 과거로 올라간 연도의 부동산 가액과의 차액이다. 예를 들어 주택의 평균 보유기간이 12년이면 2019년의 주택 중 8.3%가 매각되었다고 볼 수 있으므로, 2019년 전체 주택가격의 8.3%에서 2007년(12년 전) 전체 주택가격의 8.3%를 빼면 2019년 주택 실현 자본이득이 나온다. 하지만 2019년에 거래된 8.3%의 주택 중에는 2008년부터 2019년 사이에 신축한 주택도 들어 있기 때문에 그것도 차감해야 한다.

　이어서, 임대소득도 정부가 자료를 생산하지 않고 있기 때문에 추산할 수밖에 없다. 여기서는 감정평가협회의 기준(2016)을 활용해서

● 물론 평균 보유 기간을 통해서 부동산소득을 추산하는 것에는 한계가 있을 수밖에 없다. 실제로 연중 거래되는 부동산에는 보유한 지 1년도 안 된 부동산도 있을 것이고, 20년 이상 소유하고 있던 상가 건물도 있을 것이다. 투기 열풍이 전국을 휩쓸 때에는 단기매매가 성행하지만, 투기 열기가 식으면 거래량은 급감하는 경향이 있다. 요컨대 평균 보유 기간에서 멀리 떨어진 단기 보유와 장기보유로 인한 오차가 있을 수 있다는 것이다. 하지만 단기 보유를 평균으로 간주하는 데서 일어나는 실현 자본이득의 과다 계상은 장기보유를 평균으로 간주하는 데서 비롯되는 과소 계상으로 어느 정도는 상쇄된다고 할 수 있으므로 평균 보유 기간으로 실현 자본이득을 추산해도 큰 무리는 없을 것이다.

주택은 3.25%, 일반건축물은 3.75%, 토지는 0.5%의 임대료율을 적용해서 구한다. 예를 들어서 주택 1억 원의 연간 임대가치는 325만 원(=1억 원×0.0325)이 되는 것이다.

마지막으로, 순임대소득은 매입가의 평균 수익률을 구할 때 무엇을 사용하느냐가 관건인데, 여기에서는 금리가 낮은 정기예금금리와 일반적으로 자산의 평균 수익률보다 높은 주택대출금리의 평균을 적용해서 구한다. 예를 들어 정기예금금리와 주택대출금리의 평균이 2.5%이면, 1억 원짜리 주택의 순임대소득은 연간 임대가치 325만 원에 2.5%의 이자 부담(1억 원×0.025=250만 원)을 뺀 75만 원이 되는 것이다.[7]

2019년 352.9조 원의 부동산 불로소득 발생

이제 위와 같은 방법으로 추산된 부동산소득의 규모를 살펴보자. 부동산소득은 잠재 자본이득, 임대소득, 실현 자본이득, 순임대소득을 활용해서 구할 수 있다. 순서는 먼저 잠재 자본이득과 임대소득의 합으로 정의되는 부동산소득을 구하고, 그 다음으로는 실현 자본이득과 임대소득의 합으로 정의되는 부동산소득을, 마지막으로 실현 자본이득과 순임대소득으로 정의되는 부동산 불로소득을 구하는 것이다.

먼저 잠재 자본이득과 임대소득의 합으로 정의되는 부동산소득은 12년(2007~2018년) 동안 매해 253.9조 원에서 769.9조 원까지 발생했다. 부동산 가격이 폭등했던 2007년에는 무려 663.5조 원이었고, 2008년 이후 격감해 2013년 244.6조 원까지 떨어졌다가 다시 증가하여 2016년 484.5조 원, 2017년에는 609.6조 원, 급기야 2018년에는 769.9조 원이 발생했다.[8] GDP에서 차지하는 비중은 2007년이 63.6%로 가장 높았고, 2013년에는 16.9%까지 떨어졌다가 2014년 이후 다시 상승세로 돌아서서 2018년에는 40.6%였다. 변화를 주도한 것은 잠재 자본이득, 정확히 말하면 땅값 상승분이다. 땅값 상승분은 2007년에 부동산 투기가 극점에 달했을 때 최고조였고, 2008년 미국발 금융위기 이후 크게 줄어들었다. 그리고 2013년 이후 부동산 가격이 상승하면서 현재까지 계속 증가일로에 있다. GDP 대비 부동산소득의 12년(2007~2018년) 평균이 30.8%라는 것에서 우리나라의 부동산소득이 엄청난 규모라는 것을 알 수 있다.

실현 자본이득과 임대소득의 합으로 정의되는 부동산소득은 과연 얼마나 될까? 추산을 해보면 지난 13년(2007~2019년) 동안 매년 280~490조 원의 부동산소득이 발생했다. 2008년에 282.9조 원으로 가장 적었고, 2019년에 486.3조 원으로 가장 많았다. 13년 내내 부동산소득은 GDP의 23%를 초과했고, 13년 평균은 25.0%에 달했다.

마지막으로 우리가 주목하는 부동산 불로소득 추산 결과는 다음 [도표 4]와 같다. 이 도표를 보면 부동산 불로소득의 규모의 흐름이 파악된다. 부동산 불로소득은 2008년 금융위기로 인한 대폭락 이후 계속 증가일로에 있다. 13년(2007~2019) 동안의 GDP 대비 부동산 불로소득 평균은 16.2%인 것으로 나타났고, 2019년에는 무려 352.9조

[도표 4] 부동산 불로소득 추산 결과

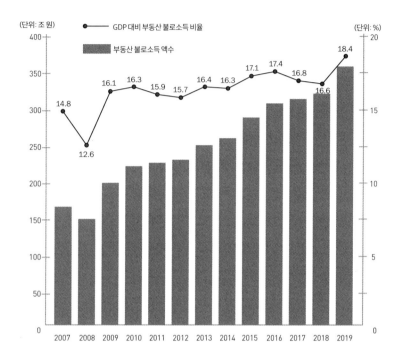

원에 달했다. 여기서 흥미로운 점은 순임대소득의 변화다. [도표 4]에
는 표시되지 않았지만 2008년에 순임대소득이 마이너스인데(-8.4조
원) 그 이유는 미국발 금융위기의 영향으로 부동산 가격이 하락했기
때문이다. 그 이후에 순임대소득은 올라가다가 2011년과 2012년에
다시 주춤하는데 이때도 유로존 재정위기의 여파로 부동산 시장이
소강상태였기 때문이다. 그러다 2015년 이후 부동산 가격이 계속 오

르면서 순임대소득도 동반 상승해 2019년에는 139.1조 원에 이르렀다.

그렇다면 이렇게 많은 불로소득은 도대체 어디서 생겨난 걸까? 생산에 대한 대가가 아니니 결국 누군가에게서 이전된 소득이다. 임대료를 내는 임차인과 투기적으로 가격이 상승한 집을 사는 사람들로부터 부동산 소유주에게로 가치가 이전된 것이다. 상가에 세 든 자영업자들이 열심히 장사해 번 소득이 건물주에게로, 직장인들이 힘들게 모은 소득(그리고 그보다 더 많은 대출금)이 집주인에게로 쉼 없이 건너가는 셈이다. 이렇게 해서 발생한 GDP 대비 16.2%나 되는 불로소득은 현재 사회에서는 문제없는 것으로 여겨지지만, 실제로는 누군가가 열심히 창출한 가치를 도둑질하는 것이라 할 수 있다.

더 참담한 것은 심지어 변변한 집이 아닌 쪽방에서도 이 합법적 도둑질이 벌어지고 있다는 것인데, 놀라운 것은 쪽방에서 벌어들이는 불로소득의 크기가 일반 부동산에서보다 더 크다는 사실이다. 쪽방 건물주는 거기에서 얻은 불로소득으로 또 다른 쪽방 건물을 세워서 더 큰 불로소득을 추구한다. 쪽방의 실태를 추적한 『착취도시, 서울』(이혜미, 2020)은 다음과 같이 현실을 고발한다.

"사실 이 골목에 있는 쪽방 건물은 모두 우리 집주인 거예요. 그 집 가족들은 돈을 모아 근처 역세권에 빌딩도 하나 세웠다니까요."

(…)

고개를 조금만 돌려도 쪽방은 개인이 '인간답게' 살 수 있는 공간이 아님을 알 수 있다. 겨우 한 사람 누울 수 있는 공간은 보일러도 없어 난방이 되지 않았다. (…) 타지에 사는 건물주는 안전 관리는커녕 기본적인 수선 의무도 다하지 않아, 행정 당국에서 세금을 들여 땜질식 수리를 해주고 인근 교회나 쪽방 상담소에서 뻗는 온정의 손길로 어설프게 사람이 사는 거처의 형상을 갖춰가는 곳. 이런 곳에서 세입자는 노숙을 겨우면한 대가로 매달 22만8188원(서울시 평균)을 세로 낸다. 폐가에 가까운 건물의 수리는 당국의 세금으로 하고, 세입자에게 받는 면적 대비 월세는 강남 타워팰리스 월세의 수배에 이르는 쪽방, 그 이면에서는 세를 모은 건물주들이 빌딩을 세우고도 남을 부를 증식하는 이 황당한 상황이 창신동만의 사례는 아닐 것이라는 직감이 들었다.

전국 부동산 불로소득의 1/4은 서울에서 발생

서울은 대한민국의 부가 집중된 곳이다. 좋은 것은 다 서울에 있다고 해도 과언이 아니다. 그래서 사람들이 몰린다. 그 때문에 서울은 부동산 가격이 가장 비싸고, 불로소득을 노린 투기도 가장 왕성하다. 이런 현상을 보고 있는 지방 거주자들은 부러워하거나 속상해한다. 사실 단지 서울에 부동산을 소유했다는 그 이유 하나만으로 어마어마한 불로소득을 누리는 걸 보고 아무 생각이 들지 않으면 그게 더이상한 일일 것이다. 또 어떤 이는 무리해서 서울에 집을 사놓고 자기는 지방에서 세를 살기도 한다.

그렇다면 서울에서 발생한 부동산 불로소득의 규모는 얼마나 될

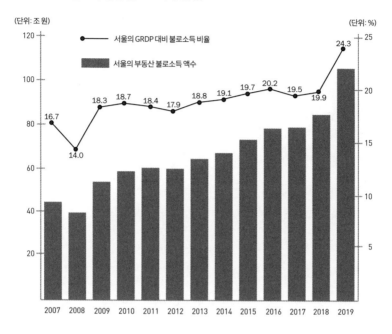

까? [도표 5]는 그것을 보여준다. 서울에서 2007년에는 44.4조 원의 부동산 불로소득이 발생했고, 2010년에는 58.5조 원, 2018년에는 84.4조 원, 2019년에는 무려 105.4조 원의 불로소득이 발생했다. 이를 서울에서 생산한 총소득GRDP과 비교하면 13년(2007~2019년) 동안 평균 GRDP 대비 18.9%의 부동산 불로소득이 발생했음을 알 수 있다. 같은 기간 전국 평균 16.2%보다 2.7%p가 높은 수치다.

한국 사회의 서울 집중 현상은 불로소득의 규모에서도 여실히 확인할 수 있다. 서울에서 발생하는 부동산 불로소득은 전체 불로소득

의 26.9%에 해당한다. 전국토 면적의 0.6%밖에 되지 않는 서울에서
전체의 4분의 1이 넘는 불로소득이 발생하고 있는 것이다.

대한민국은 부동산 불로소득의 천국

일상을 살아가는 평범한 시민들은 부동산이 불평등의 주범임을
몸으로 체감하고 있다. 부동산 가격이 상승하면 부동산을 다수 보유
한 개인과 법인은 막대한 불로소득을 누리면서 더 부유해지고, 부동
산을 소유하지 못한 자들은 가만히 앉아서 가난해진다는 것을 조금
만 둘러봐도 알 수 있기 때문이다. 요즘 유행하는 '벼락거지'라는 말
은 이런 서글픈 현실을 담아내고 있다. 그러니 누구라도 돈이 나올 구
석이 있으면 어떻게든 돈을 모아서 부동산을 사려고 하는 것이 오늘
날 대한민국의 풍경이다. 지은 지 30년이 되어가는 아파트 입주민들
은 재건축을 통해 불로소득을 얻으려고 대화방을 만들어 서로 격려
해가며 방법을 모색하는 나라가 대한민국이다. 재건축 안전진단이
통과하면, 즉 아파트가 불량이라고 객관적으로 검증받으면 '경축'이
라는 현수막을 다는 이상한 풍경도 이젠 일상이 되어버린 나라가 우
리나라다.

그렇다. 대한민국은 부동산 과다보유자들의 천국이다. 그러나 그
것은 동시에 부동산을 소유하지 못한 사람에겐 지옥이 된다는 뜻이
다. 부동산을 소유하지 못한 사람들은 노동의 대가를 날마다 빼앗기
고 있다. 소득주도성장론을 내세우며 최저임금을 인상하면 무슨 소

용인가. 집값과 임대료가 그것보다 훨씬 많이 오르는 것을. 끝없이 오르는 부동산 때문에 시간이 갈수록 임금생활자는 더 가난해지는 현실, 이것이 바로 불평등의 실체이고, 국민 대다수가 낙담하고 고통스러워하는 이유이다.

그렇다면 당연히 부동산을 대한민국 불평등의 주범이라고 해야 하지 않을까? 그러나 그렇지 않다는 주장이 있어 다음 장에서 자세히 살펴보도록 하겠다.

3

불평등의 주범은 따로 있다고?

부동산이 소득 불평등에 별로 영향을 안 준다고?

1장과 2장에서는 우리는 부동산 불평등 현황과 부동산에서 발생하는 불로소득의 규모를 살펴보았다. 누구나 알다시피 사람들이 보유한 자산에서 가장 큰 비중을 차지하고 있는 것이 부동산이다. 한국은행이 2020년 6월에 발표한 '2018년 국민대차대조표'를 보면 가계 자산에서 주택이 차지하는 몫은 4407조 원으로 그 비중이 50.5%이고, 주택을 제외한 부동산 자산도 25.7%로 집계되었다. 합치면 부동산 관련 자산이 전체 자산 중 약 75%를 차지한다는 것이다. 이는 프랑스(68.5%), 독일(67.4%), 일본(43.3%), 미국(34.8%) 등 주요 선진국보다 매우 높은 수준이다.(연합뉴스 2018. 6. 19)

일반적으로 경제적 불평등은 자산 불평등과 소득 불평등으로 나눠서 생각한다. 그런데 자산도 소득이 쌓여서 만들어진 것이므로 소득이 불평등하면 결국 자산 불평등으로 이어지고, 자산 자체에서도 소득이 발생하기 때문에 자산 불평등은 또다시 소득 불평등의 주된 원인이 된다. 즉 소득 불평등과 자산 불평등은 서로 물고 물리는 관계에 있다. 따라서 전체 자산에서 부동산 비율이 높다면 부동산 소유 불평등은 소득 불평등의 중요한 원인이 될 수밖에 없다. 이것은 일반인들이 생활에서 느끼고 있는 현실이기도 하다.

하지만 희한하게도 학계의 판단은 다르다. 관련된 기존 연구는 부동산이 소득 불평등에 별로 영향을 주지 않는다고 주장한다. 예컨대 한 연구는 외환위기 이후 다시 부동산 가격이 급상승한 6년(1998~2004년) 동안 부동산에서 발생하는 소득이 가계의 소득 불평등에 겨우 2~6% 영향을 미치는 것으로 분석했다.(정의철 외 2009) 또다른 연구는 G20 각국의 가구 대상 설문조사 자료를 이용해 불평등 요인을 분석했는데, 그중 한국은 임대소득을 비롯한 자본소득의 불평등 기여도가 2.6% 정도라고 주장했다.(Rani & Furrer 2016) 그리고 최근의 한 연구는 금융소득과 부동산소득을 포함한 재산소득이 소득 불평등에 미치는 영향이 불과 12%라고 주장했다.[*](이종철 2018) 그

● 이 연구는 정부에서 발표한 자료들의 한계를 극복하기 위해 적절한 수단을 통하여 보정해서 분석했다. 예컨대 가계금융조사는 모든 가구를 조사한 것도 아니고 조사에 응한 사람이 실제보다 작게 답할 가능성이 있어 국세통계를 이용하여 금융소득을 보정하고, 산업연관표의 임대소득을 각 가구에 배분하는 방식으로 보정했다.

리고 문재인 정부의 초대 정책실장을 맡기도 한 장하성은 부동산을 포함한 재산 불평등이 소득 불평등의 주된 원인이 아니라는 증거로 가계의 시장소득(근로소득+사업소득+재산소득+사적 이전소득)에서 부동산을 포함한 재산소득(임대소득+이자소득+배당소득+연금소득+상표 사용료 및 인세)이 차지하는 비중이 고작해야 0.3~3% 수준이라는 자료를 제시했다.(장하성 2015, 207쪽) 부동산 등의 재산에서 생기는 소득은 그리 크지 않으며, 따라서 재산 불평등이 소득 불평등과는 별 관계가 없다는 것이다.

어찌 된 일인가? 일상을 살아가는 시민들은 부동산이 소득 불평등의 주범임을 피부로 느끼는데, 그건 그저 착각이었을 뿐인가? 언론이 부동산 불평등의 현실을 과장한 걸까? 그것도 아니라면 시기심에서 비롯된 틀린 생각인 건가?

소득 불평등에 33.5%나 영향을 끼친 부동산

부동산이 소득 불평등에 얼마나 많은 영향을 미치는지 알아보기 전에 왜 학계에서는 현실과 동떨어진 결과가 나왔는지부터 살펴보자. 사실 정의철 외의 연구에서는, 부동산 자본이득과 자기가 보유한 부동산을 사용하는 경우에 발생하는 귀속임대소득은 포함시키지 않았다. 이 때문에 부동산소득의 상당 부분이 누락되었다. 그리고 노동 패널 자료를 활용한 것에서도 한계가 존재한다는 점을 지적하지 않을 수 없다. 이 자료는 많은 연구들이 지적하고 있듯이 표본집단의 대표성 문제와 조사대상, 특히 부동산 고소득자들의 과소過少보고 가능성이 존재한다. 우마 라니Uma Rani와 마리안 푸러Marianne Furrer의 연구도 표본집단의 대표성과 부동산 고소득자들의 과소보고 가능성이 있는 가계동향조사 자료를 사용했으며 귀속임대소득을 포함시키지 않았다. 이종철의 연구는 부동산소득뿐만 아니라 금융소득을 포함한 재산소득을 넣었고 거시자료를 이용해 보정했기 때문에 '12%'라는 비교적 높은 수치가 나온 것으로 보이지만, 앞의 두 연구가 가진한계를 그대로 안고 있다. 장하성 연구의 문제점 역시 그가 사용한 통계에서 나온다. 그는 '가계동향조사'와 '가계복지금융조사'의 통계를 사용했는데, 이 자료는 전수조사가 아니라 표본조사라는 한계가 있고 부동산소득 전체를 포괄하지도 않는다. '가계동향조사'의 부동산소득에는 부동산 임대소득과 자가주택의 귀속임대소득만 조사대상에 들어가고, '가계복지금융조사'의 재산소득에는 타인에게 임대한 '임대소득'만 포함되며 귀속임대소득은 포함되지 않는다. 그리고 둘다 매매차익인 자본이득은 넣지 않는다.

요컨대 여러 연구들에서 부동산이 소득 불평등에 미치는 영향이 작다고 나온 이유는 부동산소득을 적게 추산한 값을 사용했기 때문으로 보이다.

그래서 여기서는 로버트 레먼Robert Lerman과 슬로모 이차키Shlomo Yitzhaki의 지니계수 분해 기법을 이용하여 부동산소득의 소득 불평등 기여도를 알아보려 한다.[9] 부동산소득은 한국조세재정연구원이 발표하는 재정패널 데이터를 활용했는데, 그 이유는 이 자료가 가구의 부

[도표 6] 소득원천별 지니계수 분해 결과(2019)

구분	총액		지니 상관계수[2] (r)	개별소득 지니계수[3] (g)	기여도		상대적 한계효과[6] ([s×r×g/G]-s)
	총액[1] (조 원)	총액비중 (s)			절대기여도[4] (s×r×g)	상대기여도[5] (s×r×g/G)	
임금소득	602.3	0.512	0.711	0.555	0.202	0.513	0.000
사업소득	170.4	0.170	0.374	0.804	0.051	0.130	-0.040
부동산소득	365.4	0.263	0.780	0.643	0.132	0.335	0.072
기타소득	77.8	0.055	0.194	0.828	0.009	0.022	-0.032
전체	1216	1	1	0.394	0.394(G)	1	

자료 : 재정패널조사의 데이터를 이용해 자체 계산

주 1 : 재정패널상의 횡단면 가중치를 적용하여 산출
주 2 : 개별 소득과 가구 총소득 순위의 상관관계
주 3 : 개별 소득유형의 지니계수
주 4 : 절대기여도를 모두 합하면 전체 지니계수가 됨
주 5 : 상대기여도는 절대기여도가 전체 지니계수에서 차지하는 비율을 의미
주 6 : 해당 소득의 총량이 지니계수의 변화에 미치는 탄력성을 의미

동산 유형에 따라 문항이 세분화되어 있고, 유형에 따른 부동산 자산 총액을 통해 귀속임대소득을 포함한 임대소득과 잠재 자본이득을 구할 수 있기 때문이다.[10]

가계소득은 임금소득·부동산소득·사업소득·기타소득으로 구분했다. 여기서 사업소득은 사업순소득이고, 부동산소득은 임대소득(귀속임대소득 포함)과 잠재 자본이득의 합으로 구성된다.

2019년 가구소득 전체에서 어떤 부분이 얼마나 많은 영향을 주었

는지를 계산한 결과가 [도표 6]이다. 우선 눈에 띄는 것은 2019년 가구 전체 소득의 지니계수 0.394이다. 이것은 다음과 같이 분해가 된다.

0.394 = 0.202(임금소득) + 0.051(사업소득) + 0.132(부동산소득) + 0.009(기타소득)

결과적으로 가구 전체 소득의 지니계수에 임금소득이 51.3%, 사업소득은 13.0%, 부동산소득은 33.5%, 그리고 기타소득이 2.2%의 영향을 미치고 있는 것이다. 부동산소득이 소득 불평등에 미치는 영향은 임금소득 다음인 것으로 나타난다.

이 식과 표에서 소득 불평등에 가장 큰 영향을 끼치는 것은 일단 임금소득이다. 물론 임금소득이 가계소득에서 가장 큰 비중을 차지하니 당연한 결과라고 생각할 수도 있겠다. 전체 가계소득에서 임금소득의 규모는 602.3조 원이고, 부동산소득은 365.4조 원으로 나타난다.

하지만 좀 더 자세히 검토해보면 부동산의 영향력이 몇 가지 이유로 과소추정되었을 가능성도 엿보인다. 첫째, 2019년 가계 및 비영리단체의 부동산 자산은 시가로 7066조 원인 데 비해 위에서 사용한 자료의 부동산 가격의 추정치는 4722조 원으로, 시가 대비 66.8%에 불과하다. 이는 표본집단의 응답자가 부동산 자산의 규모를 묻는 질문에 실제보다 작게 답한 결과다. 예를 들어 시가 50억 원의 부동산 소유자가 자신의 부동산이 33억 원이라고 답한 것이다. 둘째, 부동산의 평균 가격상승률을 모든 가구가 소유한 부동산에 똑같이 적용했다는 점이다. 즉 2019년 전체 부동산 가격이 5%로 올랐다고 하면 모든 지역의 모든 부동산이 똑같이 5%로 올랐다고 가정했다는 것이다. 그러나 현실에서 부동산 가격상승률은 지방보다는 수도권이, 수도권에서도 경기도보다 서울이, 서울에서도 강북보다는 강남이 더 올랐다. 또한 부자들이 소유한 부동산의 가격상승률이 중소득층이나 저소득층이 소유한 부동산보다 훨씬 높다는 걸 고려하면 실제로 부동산소득의 지니계수는 0.643보다 더 높을 가능성이 크다.

한편 부동산소득은 지니 상관계수가 0.780으로 가장 높은데, 이는 고소득 가구일수록 부동산소득이 더 많이 발생한다는 것을 의미한다. 한국에서 부유함의 척도는 무엇보다 소유하는 부동산이라는 것인데, 우리가 일상 속에서 익히 알고 있는 그대로다. 또 부동산소득의 한계효과가 양수이므로, 이는 부동산소득이 증가할 때 소득 불평등 기여도가 추가적으로 더 증가한다는 뜻이다. 반면 한계효과가 0인 임금소득은 그 양이 증가할 때 소득 불평등에 미치는 추가적인 영향은 없다는 뜻이다. 사업소득과 기타소득은 한계효과가 음수이므로 그 크기가 클수록 소득 불평등은 감소한다. 즉 다른 소득보다도 부동산소득의 증감이 소득 불평등의 개선과 악화에 큰 영향을 미친다는 걸 알 수 있다.

실제로 지난 12년간(2008~2019년) 부동산 가격상승률이 2.1%로 가장 낮았던 2013년에 부동산이 소득 불평등에 미치는 영향이 15.2%로 가장 작았고, 7.8%로 가장 높았던 2018년에는 그 영향이 37.5%로 가장 컸다. 부동산 가격의 폭등은 소득 불평등을 급격히 악화시키는 것이다.

부동산은 소득 불평등의 주범이다!

이렇게 우리는 가계의 부동산소득이 소득 불평등도를 나타내는 지니계수에 어느 정도의 영향을 미치는지를 살펴보았다. 부동산소득이 지니계수에 미치는 영향은 11년(2008~2019년) 동안 약 15~38%, 연평균 26.0%로 나타났는데, 실제로는 더 큰 영향을 미쳤을 것으로 보인다.

그래도 혹자는 임금소득이 불평등에 주는 영향력이 가장 큰 것 아니냐고 할 수 있다. 그러나 원칙적으로 임금은 생산에 기여한 것의 대가이다. 즉 임금소득의 불평등에는 그 나름 정당한 원인이 존재한다는 이야기다. 물론 임금이 생산성에 꼭 비례하는 것은 아니며, 정규직이라고 해서, 대기업 임원이라고 해서 기여보다 훨씬 많은 임금을 가져가는 등 부당한 원인도 분명 존재한다. 그러나 부동산소득은 그 대부분이 불로소득이라는 점에서 차원이 다르다. 부동산으로 인한 불평등은 근본적으로 부당한 불평등이라고 봐도 무방하다.

정당한 원인에 의한 불평등은 사회를 안정적이면서 역동적이게 만든다. 사회구성원들을 더 노력하도록 유도하고 그것이 사회 전체에 도움이 된다. 그러므로 모든 불평등이 다 나쁜 것만은 아니다. 하지만 부당한 원인에 의한 불평등은 사회를 침체시키고 불안정하게 만들며 사회구성원들을 낙담시킨다. 멀리 갈 것도 없이 현재 부동산

소득 상승보다 훨씬 빠르게 집값이 상승하면서 많은 사람들은 박탈감과 배신감을 느꼈다. 열심히 일한다고 잘 살 수 없는 세상을 만드는 원흉은 바로 부동산이다.(한겨레, 2021년 5월 27일)

가격 폭등의 현실에 대다수의 국민들이 분노하는 것만 봐도 그렇다. 주식가격이 폭등했다고 해서 분노하는 사람은 거의 없다. 그러나 부동산 가격이 폭등하면 소수의 사람들은 샴페인을 터트리는 반면, 대다수의 국민들은 절망하고 분노한다. 특히 앞으로 주거지를 구해야 할 청년들과 신혼부부가 더 그렇다.

결코 시기심 때문이 아니다. 인간의 기본적인 권리인 주거권을 누릴 수 없는 상황에선 누구라도 절망하고 분노한다. 집이 없기 때문에 사랑하는 사람과의 결혼을 미뤄야 하고, 출산도 마음놓고 하지 못하며, 자녀교육에도 큰 제약이 있고, 정든 동네를 떠나야 할 때도 있다. 집을 두세 채씩 가진 사람들에겐 집값 폭등이 축복이겠지만, 집이 없는 사람들에게는 저주다. 그로 인해 부동산 소유자와 무주택자의 갈등, 수도권과 지방의 갈등, 서울과 다른 수도권의 갈등, 서울 안에도 각 지역간의 갈등이 벌어지며, 세대간의 갈등에도 부동산 문제의 영향이 짙게 드리워져 있다. 결론적으로 부동산 불로소득이 초래한 사회적 갈등과 손실이 이만저만이 아니다.

그렇다면 현실이 이런데 왜 문재인 정부는 부동산 문제를 해결하는 데 그렇게도 무능했던 걸까? 다음 장에서 이를 자세히 살펴보기로 하자.

4

문재인 정부는 부동산에 왜 실패했나?

문재인 정부에서 집값은 얼마나 올랐나?

이른바 깨어 있는 시민들의 '촛불혁명'으로 출범한 문재인 정부가 내건 것 중 하나가 '적폐청산'이었다. 한국 사회에 켜켜이 쌓인 폐단을 청산하겠다는 이 구호에 대한 시민들의 열망과 기대는 정말 대단한 것이었다.

그렇다면 일상을 살아가는 평범한 시민들이 가장 크게 느끼는 적폐는 무엇일까? 수많은 사람들을 괴롭히고 억울하게 만드는 게 과연 무엇일까? 문재인 대통령의 말을 살짝 비틀어 표현하면 출발을 불평등하게 만들고, 과정은 불공정하게 하며, 결과를 불의하게 만드는 핵심 말이다. 그것은 단연 '부동산'이라고 생각한다. 대한민국에서 부동산은 물려받는 경우가 많다는 점에서 출발을 불평등하게 하고, 그 가격이 오르는 과정도 불공정하며, 결과적으로 어마어마한 부정의를 만들어낸다. 부동산 문제를 해결하지 못하면 초저출산도, 국토균형발전도, 지방과 수도권의 갈등도, 부동산을 소유한 기성세대와 거기서 세 들어 사는 청년세대와의 갈등도 해결하지 못한다.

그런데 문재인 정부는 부동산에서 철저히 실패했다. 출범 이후 20차례가 넘는 부동산 대책들을 쏟아냈지만, 서울 집값의 7년 연속 대세 상승이 보여주듯 부동산시장 안정에 실패했다. 임기가 아직 끝난 건 아니지만 집권 후 현재까지 보인 문재인 정부의 부동산 철학과 대책들을 보건대 투기와의 전쟁에서 승리할 가능성은 희박해 보인다. 문재인 정부의 부동산 정책이 실패로 귀결된 원인들을 살펴보는 일은 다음 정부의 부동산 정책이 성공하기 위해서 꼭 필요한 작업이다. 그래서 여기서는 실패한 이유를 다각적으로 살펴보고 이 실패 경험에서 얻을 수 있는 교훈을 정리하고자 한다.

먼저 문재인 정부의 부동산 정책 실패의 원인을 분석하기 전에 집값과 전세값이 과연 얼마나 올랐는지, 이명박·박근혜 정부와 비교해서 살펴보도록 하자.

1) 서울 및 경기도에서 주택가격 폭등

문재인 정부는 현재 임기가 1년 정도 남았음에도 주택가격상승률, 그중에서도 서울 및 경기도의 공동주택 실거래가 상승률이 이명박 정부와 박근혜 정부를 크게 추월하고 있다.

정부기관인 한국부동산원이 제공하는 자료를 근거로 문재인 정부와 이전 정부들의 공동주택 시장가격 상승률을 비교해보자. 여기서 사용하는 공동주택(아파트와 연립주택) 실거래가격지수는 실제 거래된 가격을 바탕으로 작성된다. 현재는 2017년 11월을 기준으로 그때의 지수를 100으로 놓고 있다. 만약 2020년 11월의 지수가 120이라면 2017년 11월보다 20%가 올랐다는 것을 의미한다.

그러면 문재인 정부의 전국 공공주택 실거래가 상승률은 얼마나 될까? 문재인 정부가 출범한 2017년 5월 98.7이었던 실거래가격지수는 2021년 2월 125.0이 되었다. 다시 말해서 3년 9개월 동안 26.3% 상승한 것이다. 반면 이명박 정부는 임기(2008년 2월~2013년 2월) 동안은 4.5%가 상승했고, 박근혜 정부는 임기 4년 3개월 동안(2013년 2월~2017년 5월) 14.4% 오르는 데 그쳤다. 공동주택 실거래가 상승률만 보더라도 임기가 끝나지 않았지만 문재인 정부의 상승률이 가장 높게 나타난다.

그런데 전 정부들과 비교했을 때는 확연히 높은 26.3%의 수치도 사람들의 체감보다는 낮게 느껴지는 편이다. 서울과 경기도로 좁혀보면 어떤 결과가 나올까? 서울의 경우에는 문재인 정부(54.9%), 박근혜 정부(16.4%), 이명박 정부(-3.0%) 순이고, 경기도의 경우에도 문재인 정부(35.6%), 박근혜 정부(12.8%), 이명박 정부(-9.0%) 순이다. 서울과 경기도로 좁혀보면 문재인 정부의 상승률은 거의 폭발적이라 할 수 있다. 가뜩이나 많은 사람들이 집 때문에 전전긍긍하는 수도권에서 집값이 폭등했기 때문에, 그 심각성이 더 큰 것이다.

반면 이명박 정부에서는 서울과 경기도를 제외한 다른 지역의 가격상승률이 높았다. 그래서 서울과 경기도의 실거래가 상승률이 마이너스였는데도, 전국으로 따지면 4.5%의 상승률을 기록하게 된 것이다. 지방의 공동주택 실거래가 상승률만 보면, 이명박 정부가 21.5%였고, 박근혜 정부는 15.0%, 문재인 정부는 11.8%다. 그러므로 서울과 경기도의 주택가격이 내려갔다는 점을 들어 이명박 정부의 부동산 정책을 호평하는 관점은 지방의 집값 폭등을 간과한 것이다. 그럼에도 이명박 정부 동안 집값이 안정되었다고 느끼는 이유는 사람들의 관심이나 미디어의 보도가 서울과 수도권에 집중돼 있기 때문인 것으로 보인다.*

그러나 어쨌든 공동주택의 실거래가 상승률은 문재인 정부에서 가장 높았으며, 특히 서울과 수도권에서는 가히 살인적이었다는 점은 명백한 사실이다.

2) 상대적으로 안정된 전세시장

문재인 정부는 아직 임기가 1년 이상 남아 있지만, 전세가격 상승률만큼은 이명박 정부와 직전 박근혜 정부에 비해 현저히 낮다. 마찬가지로 한국부동산원 자료를 근거로 문재인 정부와 이전 정부들의

● 참여정부 4년 3개월 동안(2003년 11월~2008년 2월) 실거래가가 아니라 표본주택의 가격상승률을 보면 서울은 13.5% 폭등했던 반면 지방의 집값은 2.0%로 안정된 것으로 나오지만 일반 시민들은 전국의 집값이 오른 것으로 인식하고 있는데, 이 또한 언론과 방송의 보도 관행 때문으로 봐야 한다.

전세시장 가격상승률을 비교해보자.[11]

주택 전세가격 상승률을 정부별로 보면 전국적으로는 이명박 정부(19.2%), 박근혜 정부(12.9%), 문재인 정부(3.0%) 순이고, 서울은 이명박 정부(17.8%), 박근혜 정부(16.8%), 문재인 정부[12](6.1%) 순, 경기도는 박근혜 정부(18.5%), 이명박 정부(16.7%), 문재인 정부(5.3%) 순이다. 이명박 정부와 박근혜 정부의 9년간 전세가는 전국, 서울, 경기를 망라해 크게 올랐지만, 그에 비하면 문재인 정부 시기의 전세가는 비교적 안정된 상태라고 할 수 있다.

주택에서 아파트만 따로 떼어 전세의 정부별 가격상승률을 비교해도 같은 경향을 확인할 수 있다. 전국의 경우 이명박 정부(21.4%), 박근혜 정부(18.0%), 문재인 정부(6.1%) 순이고, 서울의 경우에는 박근혜 정부(23.0%), 이명박 정부(17.4%), 문재인 정부(8.5%) 순이며, 경기도의 경우에는 박근혜 정부(24.2%), 이명박 정부(17.0%), 문재인 정부(8.0%) 순이다.

3) 전세가와 매매가, 그리고 금리와의 관계

세 정부의 공동주택 매매가와 전세가 동향을 보면 매매시장과 임대차시장은 서로 반대 방향으로 움직인다는 것을 알 수 있다. 매매가격이 뛴다는 것은 결국 투기수요가 늘어난다는 의미고, 그것은 다주택자 증가로 이어진다. 다주택자들은 집을 임대로 내놓게 되니 결국 전월세값이 안정되는 현상이 나타난다. 이명박 정부 때 서울과 수도권의 매매가가 안정되거나 오히려 떨어지자 전세가가 오른 것은 바로 이런 이유에서였다.

하지만 여기서 고려할 변수가 하나 더 있는데, 바로 '금리'다. 금리 변수를 고려해야 이명박 정부 때 전세가가 급상승한 것을 이해할 수 있다. 집값이 글로벌 금융위기 등의 여파로 도무지 살아날 기미를 보이지 않자 전세 거주자는 가격이 더 떨어질 때까지 기다렸기 때문에 전세수요는 늘어났고, 기준금리가 지속적으로(2008년 5.25%→2012년 2.75%) 떨어졌기 때문에 임대인은 전세를 월세로 전환했으니 전세 물량은 줄어들 수밖에 없었다. 전세를 놓은 집주인 입장에서는 금리가 하락하면 전세금을 은행에 맡겼을 때 이자가 줄어들기 때문에 결국 이자 수입보다 높은 월세 수입을 택하게 된다. 즉 전세를 공급하는 민간 임대인은 금리가 낮아지자 빠른 속도로 전세를 월세로 전환했으며(전세 공급의 감소), 서울 아파트를 매수할 구매력이 있는 무주택자들은 집값 상승에 대한 기대가 사라지자 주택을 구매하는 대신 전세 시장에 잔류하길 원했던(전세 수요의 증가) 것이다. 수요는 늘어나는데 공급은 줄어드니 전세 물건은 품귀 현상을 빚을 수밖에 없었고, 이것은 당연히 전세가 폭등으로 귀결됐다.

금리와 전세가의 관계를 이해하면 문재인 정부에서 전세의 움직임도 어느 정도 이해할 수 있다. 서울 아파트 전세가격지수는 2018년 10월 100.4로 최고점을 찍은 후 같은해 11월 30일 기준금리가 1.5%에서 1.75%로 0.25%p 인상되자 같은해 12월에는 100.2, 2019년 6월에는 97.8까지 떨어졌다. 즉 기준금리가 오르자 전세가격지수가 하락세로 전환한 것이다. 그런데 이렇게 하락을 거듭하던 전세가격지수는

2019년 6월 97.8로 저점을 찍은 후 7월 97.9로 다시 상승하기 시작했다. 왜 그랬을까? 2019년 7월 18일 기준금리를 내렸기 때문이다. 당시 1.75%이던 기준금리는 1.50%로 0.25%p 하락한다. 그 이후 기준금리는 2019년 10월 16일 1.25%, 2020년 3월 17일 0.75%, 5월 28일 0.5%로 거듭 하락했다. 기준금리가 바닥까지 내려가자 전세가격지수도 상승을 거듭해 2021년 3월 현재 106.9까지 도달했다. 이런 금리 하락이 전세 주택의 월세 전환을 가속화시켰던 것이다.

물론 문재인 정부의 전세가가 이명박·박근혜 정부에 비해서 상대적으로 안정적이었지만, 집값 폭등에도 불구하고 전세가도 오른 이유를 여기서 알 수 있다. 바로 초유의 저금리 때문이다. 금리가 추세적으로 낮아지면 임대인은 전세를 월세로 전환하게 되고, 임차인은 매월 꼬박꼬박 임대료를 지출하는 월세보다 전세를 선호하는 건 언제나 동일하기 때문이다.

정말 집이 부족해서 가격이 폭등한 건가?

문재인 정부 집권 기간, 특히 서울과 경기권의 부동산 가격이 폭등한 건 명백한 사실이다. 중요한 건 부동산 가격이 폭등한 이유가 무엇인가다. 압도적 다수의 부동산 전문가들과 미디어들은 공급 부족을 폭등의 원인으로 지목한다. 그들의 주장의 요지는 이렇다. '가격이 오른다는 건 수요에 비해 공급이 부족하다는 신호인데 문재인 정부는 재건축·재개발 등의 규제 완화를 통해 신규 공급을 더 늘릴

생각은 하지 않고 투기 억제에만 골몰하다 시장의 복수를 당했다.'

일반재화에서는 가격이 상승하는 경우가 두 가지다. 하나는 공급 비용의 증가이고 또 다른 하나는 수요의 증가이다. 상품의 원자재 가격이 올라가면 상품가격이 오르고 물건을 찾는 사람이 늘어도 가격이 오른다. 그런데 일반재화에서는 수요-공급의 법칙이 작동한다. 찾는 사람이 많아서 가격이 오르면, 그만큼 공급이 늘어나 가격이 떨어지게 된다. 또 가격이 너무 떨어지면 수요가 늘어나서 다시 가격이 회복된다.

그런데 부동산이라는 재화는 여타 재화와는 다르다. 가격이 오르면 공급이 줄고 수요는 더 늘어나며, 가격이 떨어지면 공급이 늘고 수요는 준다. 현실의 부동산시장을 생각해보자. 가격이 오르거나 그럴 조짐이 보이면, 동네 공인중개사에 있는 매물들이 싹 사라진다.(공급 감소) 한편 가격이 계속 오르면 원래 집 살 계획이 없던 사람도 무리해서 대출을 받아 어떻게든 집을 사려고 한다.(수요 증가) 그러면서 부동산 가격은 천정부지로 오른다. 우리가 2020년에 목격한 '패닉 바잉'의 모습이다.

요약하면 부동산은 다른 재화와는 달리 수요-공급 곡선이 반대로 움직이는 경향이 있다는 것이다. 오르면 팔려는 사람은 물건을 거두어들이고, 사려는 사람은 더 많아진다. 사정이 이러함에도 불구하고 무작정 수요에 비해 공급이 부족해 가격이 폭등한다고 주장하는 건 현실을 모르는 교과서적인 이야기에 불과하다.

그렇더라도 실제 문재인 정부는 주택공급을 이명박, 박근혜 정부

[도표 7] 서울과 수도권 아파트 연도별 준공실적(2011~2021년)

연도	서울 아파트 준공물량	수도권 아파트 준공물량
2011년	38,482호	124,917호
2012년	26,115호	110,059호
2013년	33,607호	95,986호
2014년	39,325호	103,580호
2015년	22,573호	103,569호
2016년	33,566호	139,991호
2017년	29,833호	176,147호
2018년	43,738호	239,457호
2019년	45,630호	194,799호
2020년	56,784호	193,510호
2021년(2월까지)	11,730호	34,123호

자료 : 국가통계포털(kosis. kr) 주택유형별 사용검사실적

보다 덜한 게 아닐까? 결론부터 말하자면 신규 공급과 부동산 가격
사이에 인과관계는커녕 상관관계도 없다는 것은 통계로도 확인된다.
[도표 7]은 2011년부터 2021년 2월까지의 서울과 수도권의 연도별
아파트 준공실적(입주 물량)을 보여준다. 이명박 정부 임기(2011~2012

년)와 박근혜 정부 임기(2013~2016년)에 비해 문재인 정부 임기 동안 서울 및 수도권의 아파트 준공 물량이 폭발적으로 늘었음을 쉽게 확인할 수 있다. 문재인 정부 임기 연도에 전임 정부들 때보다 준공 물량이 적은 해는 한 해도 없었다. 심지어 두 배 이상의 공급량을 기록하기도 했을 정도다. 그런데 참으로 역설적이게도 문재인 정부 재임기간 중의 서울 및 수도권의 아파트 가격상승률이 이명박 정부와 박근혜 정부에 비해 월등히 높았다. 더구나 2019년과 2020년 서울과 수도권 준공 물량은 거의 대동소이한데, 서울의 공동주택 실거래가는 2019년에는 8.8%가 올랐던 반면 2020년에는 무려 22.3%가 올라 두 배 반이나 차이가 났다. 이는 주택의 신규공급과 가격 사이에 인과관계는 물론 상관관계도 없다는 것을 보여준다.

이에 대해서 혹자는, 문재인 정부에서의 준공 물량 폭증은 분양에서 준공까지가 대략 2~3년 걸린다는 것을 고려한다면 실제 문재인 정부가 공급한 것은 아니지 않느냐고도 한다. 하지만 2020년 준공된 아파트는 문재인 정부 시기에 분양한 것이라 봐야 하고, 그보다 중요한 건 2017년 이후 늘어난 준공 물량은 2015년부터 분양됐을 텐데 그때도 아파트 가격은 계속 올랐다는 점이다. 즉 공급부족론은 2015년 이후부터 집값이 상승한 이유를 설명할 수 없다.

또 공급부족론은 이명박 정부 시기에 서울과 수도권에 집값이 떨어진 이유도 설명할 수 없다. 당시엔 서울과 수도권의 집값이 하락했는데, 그렇다고 그때 공급이 대폭 늘어난 것은 아니었다. [도표 7]에서 보다시피 시기상 이명박 정부(2008~2013년) 때 분양됐을

2011~2014년의 준공 물량은 2015~2020년 준공 물량보다 확연히 적다. 공급이 많다고 가격이 안정되는 것도, 공급이 적다고 가격이 급등하는 것도 아닌 셈이다.

문재인 정부 시기 서울과 수도권의 주택가격이 급등한 원인은 신규 주택 공급량이 아니라 기존 주택에서의 투기수요에서 찾아야 한다. 이와 관련해 의미 있는 통계가 있다. 2019년 현재 전국에 주택을 소유한 1433만6000명 중 2채 이상 소유한 다주택자는 228만4000명(15.9%)이다. 다주택자 통계는 2012년부터 작성되었는데, 2012년부터 2014년까지 13%대에 머물다가 서울 집값 상승이 본격화된 2015년부터 14%대로 올라서더니 매년 상승해 2019년에 15.9%로 최고치를 찍었다. 숫자로 보면 다주택자가 2015년부터 2019년까지 4년 동안 40만5000명이 늘었고 3주택 이상자도 9만4800명이 늘었다. 특기할 만한 건 2015년 이후 강남 3구(강남·서초·송파) 아파트 매입자 중 비非서울 거주자 비중이 계속 증가일로에 있다는 점이다. 2013년 19.0%였던 외지인 매입비율이 2015년 18.2%로 최저점을 찍었다가 다시 '2016년(18.8%)→2017년(21.2%)→2018년(23.5%)→2019년(24.0%)→2020년(25.6%)'로 계속 증가했다.(매일경제, 2021. 1. 6) 이것은 강남 3구의 아파트 가격상승이 불로소득을 노린 투기수요 증가 때문이라는 증거에 다름 아니다.

주택이 부족해 가격이 폭등했으니 재건축 및 재개발 규제를 전면적으로 풀고 택지를 대규모로 공급해 신규 주택을 대거 늘리는 것만이 부동산시장을 안정시키는 길이라는, 이른바 '공급부족론'은 따라서 만들어진 신화에 불과하다. 이는 부동산이 다른 일반재화와 다르다는 것을 (고의로) 망각한 주장이다.

문재인 정부 부동산 정책, 무엇이 문제인가?

집이 부족해 문재인 정부가 집값을 못 잡은 것이 아니라면 도대체 문재인 정부는 왜 집값을 잡는 데 실패한 것일까? 문재인 정부가 부동산시장 안정에 실패한 원인들을 외인外因과 내인內因으로 나누어 하나씩 따져보고자 한다.

1) 외인 ①: 사상 최저의 금리와 넘치는 유동성

가장 먼저 꼽아야 할 원인은 역대 가장 낮은 금리다. 지난 2008년 8월 5.25%이던 기준금리는 현재 0.5%로 10분의 1도 되지 않는다. 믿기 힘들 정도의 낙폭이다. 문재인 정부 시기로 국한해 보더라도 2017년 11월 1.75%이던 기준금리가 지금은 코로나 여파로 인해 0.5%까지 떨어졌다.

금리가 이렇게 떨어지면 이자 비용이 낮아져서 시장참여자들이 대출을 받아 부동산을 매입하는 걸 주저하지 않게 된다. 또한 최근 우리가 목격하듯 예금 등 안전자산에서 부동산 및 주식 등의 위험자산으로 돈이 대거 이동하는 현상이 뚜렷하게 나타나기 마련이다. 예컨대 1년 만기 정기적금 금리가 연 5%라고 할 때 1억 원을 은행에 예치하면 1년에 500만 원을 받을 수 있었는데, 이 금리가 연 0.9%로 떨어지면 고작 90만 원밖에 못 받게 된다. 2020년 소비자물가상승률이 0.5%였으니 실질 금리는 더 낮다. 만약 물가상승률이 은행 금리보다 높으면 내 자산은 오히려 줄어들게 된다. 가만히 있으면 앉아서 돈을 까먹는 셈이다. 지금 같은 극단적인 저금리에서 시장참여자들은 자산이 줄어드는 걸 피하기 위해서라도 기대수익률이 상대적으로 높은 부동산 등 자산 매입에 필사적으로 나서게 된다.

한편 우리는 '유동성의 홍수' 시대, 즉 돈이 넘치는 시대를 통과하는 중이다. 한국은행에 따르면 광의통화량*은 2000년 1월 676조 원(평균잔액·원계열기준)이던 것이 2021년 2월 3271조 원에 도달한다. 불과 20년 사이에 자산으로 들어올 수 있는 통화량이 무려 4.8배나 폭증한 것이다. 돈이 이렇게 폭발적으로 풀리면 부동산 등 자산가격은 올라갈 수밖에 없다. 만조시에 밀물이 모든 배들을 띄우는 것처럼 시중에 돈이 과다하게 풀린 돈은 모든 자산가격을 들어올린다. 돈이 넘치니 뭐든지 투자하는 것이다. 부동산, 주식, 코인 등의 열풍이 분 것은 그래서였다.

대한민국 정부수립 이래 가장 낮은 금리와 유동성의 홍수라고 불러도 과언이 아닐 통화량의 팽창이라는 구조적 압박으로 인해 문재인 정부가 부동산시장을 안정시키기 어려운 조건에 처해 있었다는 건 분명하다.

● 통상 '협의통화'는 민간이 지닌 현금과 쉽게 현금화할 수 있는 예금인 결제성 예금을 합하여 이르는 말이고, '광의통화'는 '협의통화'에다 정기 예·적금 및 금융채, 시장형 상품, 실적 배당형 상품까지 합한 것이다.

2) 외인 ② : 나쁜, 너무나 나쁜 미디어 환경

언론 환경도 문재인 정부가 집값을 효과적으로 잡지 못하는 주요 요인이다. 참여정부 때에도 TV, 신문, 잡지, 라디오 방송 등 이른바 '레거시legacy' 미디어라고 불리는 전통매체들은 건설자본 및 부동산 소유자들의 입장을 대변해 정부 부동산 정책을 줄기차게 비판했고, 투기심리를 시장참여자들에게 불어넣기 위해서 부단히 노력했다. 그리고 이런 매체들의 여론조작은 소기의 목적을 달성했다. 그로 인해 부동산대책의 효과가 반감되었고, 참여정부가 끝난 후에는 '참여정부는 부동산에 실패한 정부'라는 낙인을 찍는 데 성공했으니 말이다.

말이 나온 김에 참여정부의 부동산 정책에 대해서 잠깐 평가해보자. 물론 참여정부 때도 부동산 가격은 많이 올랐다. 특히 서울과 수도권이 크게 오른 건 사실이다. 그러나 당시는 미국발 금융위기 전이고, 전세계가 부동산에 자금을 끊임없이 공급하는 유동성 과잉상태였다는 걸 감안할 필요가 있다. 2003~2007년 동안 OECD 24개국의 평균 주택가격상승률은 21.8%(물가상승률을 반영한 실질치)인 데 비해 한국은 9.3%였다. OECD 국가에 속한 35개 주요 도시의 평균 주택가격상승률은 26.8%였는데, 서울은 18.7%였다.(economist.com) 다른 나라와 비교해보면 '선방'했다고 보는 것이 온당한 평가다. 그리고 부동산 문제 해결에서 가장 중요한 보유세 강화의 장기 로드맵을 세우고 입법화에 성공한 점, LTV·DTI 등 금융규제를 도입한 점, 부동산 실거래가 신고를 의무화하여 거래 투명화에 획기적으로 기여한 점은 대한민국 부동산 정책사에서 두고두고 평가받을 만한 점이다. 물론 중요한 정책을 집권 초기에 실행하지 못하고, 공급부족론과 투기 과열론 사이에서 갈팡질팡한 면은 있지만 말이다. 그런데 당시 언론은 집값 상승에만 주목해 노무현 정부를 맹공격했고, 균형감 있게 평가하지 않았다.

그러나 지금과 비교해보면 참여정부 때 미디어 환경은 그나마 낫다는 생각이 들 정도다. 지금은 전통매체에 더해 인터넷 포털, 각종 온라인 커뮤니티, 블로그·페이스북·트위터·유튜브 등 각종 뉴미디어가 시장참여자들을 잠재적인 부동산 투기꾼으로 만들고 있다.

전통미디어와 뉴미디어는 부동산 관련 각종 통계와 프레임(예컨대 '서울 새 아파트 부족론' '똘똘한 1채론' '비규제지역 투자론' '영끌론' 등), 투기기법(예컨대 갭 투기 방법 및 임대사업자·법인·신탁·증여 등을 통한 투기와 탈세 방법 등), 투기대상 정보(투기할 지역 및 적절한 규모와 가격대의 아파트 소개)의 생성·유통·소비 체인을 사이좋게 분점하면서 시장참여자들을 투기의 세계로 초대한다. 투기를 부추기는 정보와 메시지가 시장참여자들 눈과 귀를 사실상 장악하는 마당이니, 시장참여자들이 '내일이면 늦으리'를 외치며 시장에 계속 뛰어드는 건 당연한 일이다.

전통미디어와 뉴미디어에 절대적인 영향을 받은 시장참여자들의 부동산 매입이 시장을 달아오르게 만들면, 과열된 시장을 또 전통미디어와 뉴미디어가 열심히 보도한다. 이런 보도는 시장참여자들의 투기심리를 재차 자극하며 부동산 구매를 재촉한다. 이렇게 전통미디어와 뉴미디어가 합작해 만든 부동산 투기의 물레방아는 오늘도

악순환의 쳇바퀴처럼 돌고 있다.

한국 사회의 비극은, 부동산 불로소득을 예찬하고 부동산 투기를 권장하는 전통미디어와 뉴미디어가 시장참여자들의 부동산에 대한 생각을 사실상 지배한다는 데 있다. 문재인 정부가 내놓는 부동산 대책들은 이런 미디어들의 협공 아래 그 효과가 지속적으로 훼손되거나 침해되어왔다.

3) 내인 ①: 철학 부재와 서로 충돌하는 정책 추진

유동성 홍수와 적대적 언론 환경이 문재인 정부가 부동산시장안정을 달성하는 것을 방해한 외부요인임은 분명하지만, 외부요인 탓만 하기에는 문재인 정부 내부의 문제가 너무 크고 심각하다.

제일 먼저 지적할 것은 부동산에 관한 철학의 부재이다. 물론 문재인 정부가 '주택 공공성 강화'를 부동산 정책의 핵심기조로 표방하며 계속해서 '서민 주거 안정 및 실수요자 보호'를 천명한 건 사실이다. 하지만 문재인 정부가 표방한 '주택 공공성 강화'나 '서민 주거 안정 및 실수요자 보호'는 부동산에 관한 철학이라기보단 정부가 마땅히 달성해야 하는 실용적 정책목표들 중 하나에 불과하다.

바로 이 지점에서 문재인 정부는 노무현 정부와 차별된다. 노무현 정부는 토지공개념을 확장한 부동산공개념(국정브리핑 특별기획팀 2007, 235쪽)을 부동산에 관한 철학으로 표방하며 종부세 등을 통한 부동산 불로소득 환수를 강력히 추진해나갔다. 반면 문재인 정부는 부동산에 관한 철학으로 내세울 만한 것이 없었다.

문재인 정부에게 부동산에 관한 제대로 된 철학이 없었음을 방증하는 대표적인 사례가 바로 종부세 강화를 둘러싸고 벌어진 소동과 혼란이다. 문재인 정부는 집권 초 부동산시장이 심상치 않자 2017년 6월 19일 '주택시장의 안정적 관리를 위한 선별적·맞춤형 대응방안'과 8월 2일 '실수요 보호와 단기 투기수요 억제를 통한 주택시장 안정화 방안'을 연이어 발표하면서 집값 안정을 호언했는데 이 대책들에는 종부세를 포함한 보유세 강화 방안이 빠져 있었다. 참여정부 당시 종부세가 집권 1년차인 2003년 제안되었지만 입법화는 2005년 말이었다는 데서 교훈을 얻었더라면, 부동산시장에 가장 큰 영향을 미치는 보유세 강화와 같은 중요한 대책을 집권 초에 제시했어야 옳았다.

　문재인 정부는 보유세 강화에 대한 시민사회의 요구가 강력해지자 2018년 4월 재정개혁특별위원회를 만들어 보유세 개혁방안을 제출토록 했는데, 7월 3일 이 특위가 내놓은 종부세 개편 방안은 증세액이 기존보다 고작 1.1조 원 늘어난 데 불과한 것이었다. 더 놀랄 일은 그 뒤에 일어났다. 재정개혁특위가 종부세 개편안을 정부에 제출한 지 3일 후, 기획재정부는 특위의 안조차 수용하지 않고 고작 7400억 원 증세에 지나지 않는 종부세 개편안을 일방적으로 발표하면서 논란을 일단락지었다. 시장참여자들은 이 과정을 지켜보면서 문재인 정부가 부동산 불로소득을 환수할 의지가 전혀 없음을 확신하고 경쟁적으로 투기에 나섰다. 2018년 여름 서울을 강타한 투기 광풍과 집값 폭등의 도화선은 바로 문재인 정부의 종부세 개악 시도였고, 이야말로 부동산에 대한 철학의 부재에서 기인한 것으로 봐야 한다.

물론 문재인 정부가 2018년 여름 이후 부동산 투기에 대응하는 과정에서 다주택자 종부세 강화, 공정시장가액비율 단계적 철폐, 공시가격 현실화율 제고 등의 조치들을 통해 종부세를 일부 강화한 것은 사실이다. 하지만 이는 부동산 불로소득 환수라는 명확한 철학 아래서 집행된 것이라기보단 시장의 상황에 대한 대증요법적 처방의 성격이 강했다. 종부세 위주의 보유세 강화라는 점, 1주택자는 고사하고 실거래가 15억 원 이하 다주택자에게조차 종부세 실효세율이 턱없이 낮다는 점, 심지어 1주택자가 소유한 공시가격 6억 원 이하의 주택에 대해서는 재산세 세율을 0.05%p 낮췄다는 점, 상가빌딩 등의 부속토지인 별도합산토지에 대한 종부세 강화는 시도조차 하지 않았다는 점, 그리고 결정적으로 보유세 강화를 위한 확실한 로드맵 없이 이번 1회에 한해서만 올렸다는 점 등이 그 증거다. 결과적으로 여전히 실효적 부담이 극히 미미한 보유세는 불로소득 환수 장치로 기능하기는커녕 투기의 방파제 역할도 제대로 못하는 실정인 것이다.

철학 부재는 서로 상충하는 정책들로 이어지기도 쉽다. 전체 정책을 총괄하고, 질서 있게 조직해서 정책들 간에 상호 보완성을 유지하도록 하는 것이 철학의 역할이기 때문이다. 상충하는 대책의 대표적인 예가 민간임대사업자 관련 대책이다. 문재인 정부는 출범 첫해 대출관리 및 다주택자 양도세 중과 등을 핵심으로 하는 정책을 발표한 후 시장이 소강상태에 접어들자 '임대주택 등록 활성화 방안'(2017.12.13)을 야심차게 공표했다. 이는 등록임대사업자를 늘리는

문재인 정부는 주택임대차시장을 양성화하기 위한 방안으로 과다한 세금 혜택을 주면서까지 임대사업자 등록을 독려했다. 그러나 이것은 실상 돈 있는 사람들의 주택 구매를 독려하여 집값 폭등의 기폭제가 되었다.(한국경제, 2018년 9월 3일)

것을 목표로, 주택임대사업자에게 취득세와 재산세·임대소득세·양도세·종부세·건보료 등에 걸쳐 부여된 기존의 혜택을 더 확대해주었다. 당시 문재인 정부에서 부동산 정책을 총괄하던 담당자는 '이제 매매시장은 진정됐고, 임대차시장이 불안해질 것이니 주택임대사업자들에게 파격적인 혜택을 주더라도 등록임대사업자를 크게 늘려 임대차시장의 불안에 선제적으로 대응하자'라는 생각으로 이런 방안을 설계하고 집행한 것으로 보인다.

실제로 임대주택 등록 활성화 방안은 즉각 반응을 얻었다. 국토교통부 보도자료에 따르면 2017년 말 26만1000명이던 주택임대사업자는 2018년 12월 말 40만7000명으로 폭증했고, 2020년 1분기 말 기준

51만1000명에 도달했다. 이 주택임대사업자들이 등록한 주택의 수도 2017년 12월 말 98만 채에서 한 해 만에 136만2000채로 늘어났고, 2020년 1분기 말에는 156만9000채에 달했다.

그러나 임대주택 등록 활성화의 성공은 문재인 정부의 부동산 정책을 실패로 만드는 결정적 계기가 되었다. 그도 그럴 것이 임대사업자로 등록만 하면 취득세는 물론 재산세도 깎아주고 종부세는 아예 면제해줘서 취득과 보유 부담을 현저하게 낮춰주었다. 뿐만 아니라, 양도세도 감면해줘서 더 많은 매매차익을 누릴 수 있게 해줬던 것이다. 즉 임대주택으로 등록된 주택의 기대수익률을 획기적으로 높여준 것이므로, 사람들은 너도나도 주택 투기에 뛰어들었다. 전세를 지렛대로 활용해서 대출 규제 완화 혜택까지 받아 갭투기 행렬에 동참했고, 이는 주택가격 폭등이라는 결과를 낳았다.

이렇게 문재인 정부는 투기 차단에 가장 중요한 역할을 하는 보유세 강화를 실행하지 못하고, 오히려 투기를 위한 꽃길을 열어주는 이율배반적 정책을 취하고 말았다.

4) 내인 ② : 핀셋 대책 남발과 선제적 조치의 실종

문재인 정부의 부동산 정책을 대표하는 용어가 바로 '핀셋'이다. 문재인 정부는 시장이 극히 안정된 상태에서 미세조정 수단으로나 사용해야 하는 핀셋 규제를 유동성 홍수의 시대, 정부 정책의 효과를 왜곡하는 적대적 언론 환경에서 시종일관 활용했다. 문재인 정부는 부동산 전체에 적용해야 할 세제조차도 핀셋으로 대응했다. 2주택자

이상의 취득세를 높이는 정책이나 다주택자 종부세 강화 정책도 조정대상지역의 주택에만 적용한다든지 하는 식으로 그 대상을 끝없이 세분화했다. 이런 까닭에 현재 부동산 세제는 너무나 복잡해져서 전문가에게 가서 물어보지 않으면 파악하기 불가능한 지경이다.

물론 대출 규제도 핀셋으로 했고, 민간택지에 대한 분양가 상한제조차 핀셋을 사용했다. 그러나 이러한 핀셋은 기본적으로 사태가 일어난 후에 적용될 수밖에 없는 치명적 한계가 있다. 예컨대 투기과열지구·투기지구·조정대상지구로 지정하려면 해당 지역의 주택가격 상승률이 물가상승률보다 현저히 높아야 한다. 그러므로 규제지역의 부동산 가격이 먼저 오른 후 핀셋 규제가 적용되면 시장참여자들은 이를 피해 비규제지역으로 몰려가 투기를 일삼았고 오래지 않아 전국이 투기판이 되는 이른바 '풍선효과'가 나타났다. 문재인 정부 초기에는 시장 상황에 대한 오판으로 인해 핀셋 규제를 채택했다고 좋게 이해하더라도, 집권 5년차를 맞은 현재에도 핀셋 규제를 고수한다는 건 부동산시장을 안정시킬 의지가 없다고 봐야 한다. 문재인 정부에겐 핀셋이 아니라 부동산 일반에 적용해야 할 촘촘한 그물이 필요했다.

핀셋 규제와 짝을 이루는 또 하나의 문제가 선제적 조치의 실종이다. 문재인 정부가 실시한 대책들은 거의 전부 시장 상황에 맞춰 수동적으로 대응하는 차원의 것이었지, 시장을 견인하고 시장참여자들의 심리를 유도하는 선제적 조치와는 거리가 멀었다. 한마디로 시장을 뒤쫓는 데 급급했던 것이다. 게다가 그런 조치들이나마 정책효과가 충분히 발휘될 때까지 꾸준히 실시했으면 좋았으련만 그조차 하지 않았다. 부동산 정책의 목표가 없었다는 뜻이다. 문재인 정부는 부동산대책을 발표하고 일시적으로 주택거래량이 줄면 즉각 시장을 관망하는 자세로 태세를 전환하곤 했다. 그 결과 '시장 급등→부동산 대책 발표→주택거래량 감소→정부 관망세로 전환→부동산시장 다시 상승 추세로 전환→부동산대책 발표→주택거래량 감소→정부 또다시 관망세로 전환…'의 사이클이 반복됐고, 당연히 정부 정책에 대한 시장참여자들의 신뢰도는 바닥으로 떨어지고 말았다.

결론적으로 말해, 문재인 정부가 부동산시장 안정에 실패한 이유는 과거보다 부동산시장을 안정시키기 어려운 외부적 환경이 조성됐음에도 이를 극복할 정부 내부의 의지와 정책적 역량이 턱없이 부족했기 때문이었다.

문재인 정부의 실패로부터 얻을 수 있는 교훈

대외적인 환경이 좋지 않다고 하더라도 정부는 부동산시장에서 강자임을 부인할 순 없다. 게임의 룰, 시장의 질서를 만드는 것이 결국 정부이기 때문이다. 그러므로 문재인 정부의 부동산 가격 폭등은 정책 실패로 볼 수밖에 없다. 우리가 이런 실패에서 얻을 수 있는 교훈은 무엇일까?

첫째, 구체적인 정책을 담을 수 있는 철학과 원칙의 중요성이다. 여기서 말하는 철학은 누구나 동의하는 그럴싸한 언어의 조합이 아니라 명확한 방향이어야 하고, 원칙은 그 철학을 담을 수 있는 기둥들이어야 한다. 이런 관점에서 보면 문재인 정부의 부동산 정책은 명확한 방향을 제시하는 철학도, 그 철학을 뒷받침하는 튼튼한 기둥도 세우지 않았다. 상투적인 구호를 내걸고 원칙도 없이 그때그때 시장 상황에 따라 대응하는 데 바빴다고 해도 과언이 아니다. 장기적으로 추진할 근본적인 대책을 마련하고, 그때그때 시장 상황에 대응하는 단기적 조절 대책도 구비하고, 시장을 안정시킴과 동시에 주거복지도 촘촘하게 만들어가기 위해서는 그에 합당한 철학과 원칙이 필요하다. 철학과 원칙이 단기정책과 장기정책, 시장과 복지를 아우르게 해주고 다양한 정책들 간에 질서를 잡아주기 때문이다.

둘째, 집권 초기에 투기수요를 확실하게 제압할 수 있는 정책을 집중적으로 도입해야 한다는 점이다. 문재인 정부 초기에 시장은 숨죽이고 관망하고 있었다. 과연 새 정부가 투기수요를 확실하게 차단하기 위해 보유세 강화와 같은 근본 대책을 추진할 것인가에 관심이 모아졌다. 정권에 가장 큰 힘이 실리는 집권 초에 가장 중요한 정책을 추진하지 않으면 시장은 내성이 생겨서 제대로 반응하지 않는다. 그러나 문재인 정부는 집권 초기에 본질적인 대책이 아니라 곁가지 대책으로 일관했고, 보유세 강화를 해도 시원찮은 판에 다주택자들의 보유 부담을 획기적으로 낮춰서 불로소득에 대한 기대를 한껏 고조시키는 정책을 도입했다. 만약 보유세 강화 정책을 집권 초기부터 밀어붙였더라면 시장은 투기 차단에 대한 정권의 의지가 강하다는 것을 인식하고 투기용 부동산을 시장에 내놓아 부동산시장이 차츰 하

통계에 따라 수치상의 차이는 있더라도, 문재인 정부에서 서울과 수도권 집값이 역대 최대로 올랐다는 건 분명한 사실이다. 소득보다 집값이 수십 배 더 크게 증가하면서, 문재인 정부의 소득주도성장은 그 의미를 완전히 상실해버렸다.(아시아경제, 2021년 6월 23일)

향 안정화되었을 것이다.

셋째, 부동산 문제 해결은 토지 중심적 접근을 해야 한다는 점이다. 문재인 정부는 '주택 공공성'이라는 기조를 내걸었지만, 엄밀하게 말해서 공공성을 적용해야 할 대상은 '토지'다. 건물은 공공성의 대상이 되지 않는다. 그러나 문재인 정부는 토지 중심적 시각 없이 부동산 문제를 주택의 관점에서만 바라봤다. 문재인 정부가 상가빌딩의 부속토지나 기타 토지에 대한 정책이 전무하다시피 한 것도 바로 이 때문이다. 토지 중심적으로 접근하면 주택뿐만 아니라 상가빌딩과 산업단지 그리고 농지의 문제까지 종합적으로 사고하게 되며, 상호 보완적이며 입체적인 정책을 마련할 수 있게 된다.

마지막으로 얻어야 할 교훈은, 부동산 문제를 해결하지 않으면 다른 영역에서 좋은 정책을 추진해서 설사 긍정적 성과가 난다고 해도 국민들의 피부에 와닿지 않는다는 점이다. 아무리 일자리가 많이 생겨나도, 최저임금이 얼마가 오르더라도 부동산 문제를 해결하지 않으면 아무 소용이 없다고 해도 과언이 아니다. 최저임금이 1만 원이 되어 1년 동안의 임금소득이 300만 원 올랐는데, 집값은 최소 1억 원 이상 올랐다고 해보자. 이런 상황을 다수의 생활인들은 어떻게 받아들일까? 오히려 실질임금은 줄어들었다고, 더 가난해졌다고 느낄 것이다. 청년세대들은 더 절망감에 사로잡힐 것이다. 문재인 정부가 추진한 '소득주도성장론'의 한계가 바로 여기에 있었다.

부동산 문제를 해결하지 않으면 성장의 과실을 결국 부동산 부자들이 가로챈다는 오래된 진리를 문재인 정부가 다시 확인시켜줬다. 다음 정부는 이와 같은 교훈을 꼭 명심해야 할 것이다.

2부

부동산 '체제'와 정의론

5

대한민국 부동산 '체제'의 성격과 작동 방식

대한민국의 일상사를 지배하는 부동산

서울이든 수도권이든 지방이든 관계없이, 수십 년 전이나 지금이나 대한민국에서 가장 뜨거운 이슈가 무엇일까? 감히 '부동산'이라고 단언할 수 있다. 두세 사람이 모이면 집값 이야기가 늘 화제다. 어디에 어느 아파트는 얼마 올랐는데 우리 집은 안 올랐다느니, 어디가 개발예정지이고 아파트가 몇 세대 들어선다느니, 어디는 청약 경쟁률이 얼마라느니, 이런 이슈가 항상 대화 주제에 오른다. 종교모임이라고 다를 것도 없다. 단골 주제는 역시 부동산이다. 종교행사를 마치고 '고급' 정보를 주고받는 건 이제 자연스러워졌다. 심지어 부동산과 전혀 관계가 없을 거 같은 남북관계 문제도 결국엔 부동산으로 이어진다. 남북관계가 호전되는 분위기면 북한과의 접경지역 땅에 대한 관심이 높아진다. 문재인 대통령과 김정은 위원장의 정상회담이 있었던 2018년에 접경지역인 경기도 파주와 강원도 고성의 땅값이 가장 많이 올랐다는 기사가 나오기도 했다.(중앙일보, 2018. 7. 24)

물론 이런 대화에서 소외된 사람들도 있다. 바로 세입자다. 그들은 이런 이야길 듣고 있으면 속이 상한다. 집값이 오른다는 것은 내 집 마련의 가능성이 그만큼 더 희박해진다는 의미이기 때문이다. 아니, 정확히 말해서 더 가난해진다. 물론 서울과 수도권의 집값이 오르는 것을 바라보는 지방 거주자들도 속이 상하긴 마찬가지다.

왜 이런 현상이 수십 년째 지속되는 것일까? 그것은 부동산이 우리 삶에 가장 큰 영향을 주는 대상이기 때문이다. 부동산은 삶의 터전이자 경제활동의 필수재이지만 동시에 돈벌이의 대상이 되고 있다. 어디에, 어떤 부동산을 사느냐 마느냐는 한 사람, 아니 한 가족의 삶에 결정적인 영향을 준다. 이런 까닭에 부동산은 거주지를 정하는 데도, 부모님을 모시는 일에서도 고려사항이 된다. 분양가상한제를 적용받아 시세보다 싼 신규 주택이 나온다는 정보가 뜨면 분양 가능성을 높이기 위해 그 지역으로 이사해 전세를 살기도 하고, 심지어는 부모님을 모시고 있으면 청약 가점을 받을 수 있어 부모님과 세대를 합치기까지 한다.

한편 부동산은 주민 갈등의 원인이 되기도 한다. 대한민국 아파트에서 뜨거운 이슈는 재건축이다. 대한민국에서 재건축이란 자기 돈으로 집을 짓는 사업이 아니라 자기 돈 별로 들이지 않고도 값비싼 새 집을 얻을 수 있는 요술방망이나 다름없다. 그런데 문제는 지은 지 불과 30년이 채 되지 않았는데도, 즉 건물 상태가 멀쩡한데도 입주민 들이 재건축에 불을 지핀다는 것이다. 재건축을 추진하려는 입주민 들끼리 대화방을 만들어 밤낮으로 분위기를 띄우려 펌프질하고, 어 떤 경우에는 정상적인 아파트 관리를 반대하기까지 한다. 건물 관리 를 잘 하면 재건축 안전진단에서 높은 등급이 나와 재건축이 멀어지 기 때문이다. 이런 일 때문에 아파트가 분쟁에 휘말리는 경우가 많고, 평화로웠던 아파트가 순식간에 갈등의 도가니가 되기도 한다.

선거에서도 중요 이슈는 역시 부동산이다. 출마자들은 지역민들 이 자신의 부동산 가격을 올려놓을 수 있는 후보를 지지하는 것을 알 기 때문에 부동산 가격에 영향을 주는 개발 공약을 앞다퉈 내놓는다. 화끈한 개발 공약으로 당선된 사람은 공약 이행을 위해 국토부 고위 공무원과 지자체 관련 부서장을 만나 공약 이행 방안을 모색하고, 중 간중간 지역 주민들에게 보고대회도 연다. 누가 봐도 전철역을 세우 면 안 되는 곳에 전철역을 세우기 위해 예비타당성 조사 같은 것을 하 면서 말이다.

개인만 이러는 것이 아니다. 건설업계의 광고수입에 상당 부분 의 존하는 언론사들은 가격이 하락하고 부동산 경기가 냉각될 기미만 보이면 경제가 주저앉을 것처럼 호들갑을 떤다. 그래서 언론은 정부 가 부동산 투기를 잡으려는 정책을 추진하면 비판적인 기사를 쏟아 낸다. 예컨대 보유세 강화를 비판하기 위해서 높은 집값에 비해서 버 는 소득이 별로 없는 노인 가구의 사례를 들어 세금 부담이 심하다고 보도하는 식이다. 매매시장이 안정되면 나타나는 현상인 전월세가 상승에 분노하는 세입자들의 모습들도 빠짐없이 보도한다. 미온적인 정부의 대처로 부동산 가격이 폭등하면 정부가 시장을 무시했다며 비판한다. 물론 건설업계는 더 노골적이고 적극적이다. 건설업계가 직접 출연해서 만든 각종 연구소와 협회는 투기를 차단하려는 정부 정책을 비판할 목적으로 통계를 '마사지'한 보고서를 보기 좋게 작성·배포하여 여론을 주도하려 한다. 그뿐 아니라 부동산 투기가 뭐가 나쁘냐는 인식을 가진 연구자들에게 연구비를 아낌없이 지원한다. 이 학자들은 주요 언론에 등장해서 건설업계의 이익을 대변하는 논리를 펼친다.

한편 정부에게도 부동산 가격은 중요하다. 정부는 부동산 폭등에 절망한 무주택자들을 위한 주거복지 대책도 내놓는데, 문제는 주거복지에 투입하는 재정의 상당 부분을 공기업이 개발사업에서 번 돈, 즉 땅을 팔아서 번 돈으로 충당한다는 점이다. 이런 까닭에 공기업의 대표인 LH[13]는 민간의 토지를 수용·조성해서 최대한 비싸게 팔려고 한다.

경제에서 가장 중요한 행위자라 할 수 있는 일반 기업에게도 부동산은 매우 중요한 이슈다. 기업이 추구하는 이윤의 총량에 부동산이 엄청난 영향을 미치기 때문이다. 기술개발과 경영혁신을 통한 이윤추구는 위험부담이 따르지만, 부동산은 항상 오르기 때문에, 다시 말해서 기대수익률이 다른 것보다 월등히 높으므로 기업은 기회가 있을 때마다 부동산을 사놓으려고 한다. 1989년 토지공개념위원회는 "1974~1987년 동안 투자액 모두를 시설투자에 사용한 기업은 3.3배 성장한 반면 전액을 땅에 묻어 놓은 기업은 무려 10배나 성장했다"(국정브리핑 특별기획팀 2007, 227쪽)고 발표했는데, 정상적인 기업활동보다 부동산으로 더 많은 수익을 얻는 이런 현상은 오늘날에도 계속되고 있다. 이런 까닭에 수도권에 위치한 회사들은 부동산 개발회사인지 제조업체인지 구분이 안 될 정도다.

이상에서 보듯이 부동산은 대한민국 모든 경제주체의 일상사를 지배하고 있다고 해도 과언이 아니다. 이런 까닭에 우리는 '체제'의 관점에서 부동산을 바라볼 것을 제안한다. 체제란 어떤 주제에 관해 명시적 혹은 묵시적으로 합의된 규칙 혹은 제도를 의미한다. 자본주의 '체제', 분단 '체제'를 생각해보면 '체제'의 의미를 이해할 수 있을 것이다. 부동산을 둘러싼 경제주체(가계·기업·정부)들을 지배하는 전체적인 규칙 혹은 제도가 바로 부동산체제다. 체제의 관점에서 검토하면 총체적으로 부동산을 바라볼 수 있게 된다. 정부·건설사·개인·일반회사 등 나라의 거의 모든 부문이 체제의 행위자로 등장한다. 그러므로 우리의 과제는 오늘날 부동산체제의 성격을 규명하고, 그 체제 속에서 행위자들이 어떻게 움직였는지를 확인한 뒤 대안적인 체제의 방향을 제시하는 것이다.

대한민국에서 부동산은 불평등과 비효율의 주범이고 불공정의 대표다. 일자리 부족, 출산율 저하, 결혼 기피 등의 원인의 원인을 파고 들어가면 어김없이 부동산과 만나게 된다. 대한민국 전체가 부동산체제의 변화를 학수고대하고 있다는 것이다.

'불로소득 유발형'이 대한민국 부동산체제의 성격이다

체제의 관점에서 부동산을 바라보자고 했으니 대한민국 부동산체제의 성격을 규정해보자. 그래야 대안의 방향도 확실하게 찾을 수 있다. 이런 관점에서 부동산 문제를 체제의 관점에서 연구한 학자로는 사회학자 신진욱과 도시계획학자 김수현[14]이 있는데, 이들의 논의를 평가하는 것부터 시작해보자.(다만 이들은 전체 부동산이 아니라, 주택에 국한해서 체제의 관점을 적용했다는 한계가 있다. 때문에 이들은 '부동산'체제가 아니라 '주택'체제를 이야기했다고 할 수 있다.)

먼저 신진욱은 우리나라 주택체제의 성격을 '소유자 중심 발전주의'로 규정했다. 여기서 '소유자 중심'이란, 뒤집어 말하면 대한민국의 부동산 정책이 땅과 건물과 집이 없는 사람들의 입장은 배제했다는 것이다. 재개발과 재건축도 집주인 입장에서, 상가세입자 문제도 건물주의 관점에서 정책이 수립되고 집행되었다. 이런 까닭에 사람들은 '소유자' 대열에 참여하기 위하여 악착같이 집과 건물과 땅을 소유하려고 발버둥을 쳐온 것이다. 또한 '발전주의'를 덧붙인 이유는 경기침체기엔 어김없이 경기부양책으로 '건설'을 이용했기 때문이다.(신진욱 2011, 135쪽)

김수현은 한국의 주택체제의 성격을 '강한 국가개입'과 '높은 가족 역할'로 규정했다. 우리나라의 주택체제가 언뜻 민간금융회사가 왕성하게 자금을 공급해주고 개인의 재산권을 강하게 보장하는 등 민간 중심으로도 보이지만, 주택과 관련해서는 국가의 역할이 매우 컸다는 것이다. 공공택지를 직접 개발해서 민간에 공급하고 청약제도를 통해 수요를 파악·조절해왔으며, 심지어 전매도 금지하는 등의 강한 국가개입이 장기간 유지되어왔다는 점을 강조한다. 그리고 주거에 대한 정부의 재정지출 우선순위가 낮았기 때문에 개별 가구가 스스로 주거를 해결할 수밖에 없다는 점에서 '높은 가족 역할'이라는 특성이 나타났다고 이야기하며, 그 대표적인 예로 비공식적 금융제도인 전세를 제시한다. 즉 개별 가구가 출가하는 자녀에게 전세금을 마련해주는 것으로 주거 문제를 해결했다는 것이다. 물론 시기에 따라 국가개입의 성격과 가족 역할의 정도도 바뀌었다고 설명한다.(이석희·김수현 2014, 16~26쪽)

물론 이들의 부동산체제에 대한 성격 규정에도 나름대로 일리가 있다. 그러나 대한민국 부동산체제의 성격을 정확히 표현하지는 못한다고 생각한다. 대한민국 부동산체제의 성격은 무엇보다 '불로소득 유발형'이다.

신진욱이 제안한 '소유자 중심의 발전주의'에서 소유자 중심이라는 것은, 정확히 말하면 소유자가 불로소득을 누리도록 보장하는 것과 같은 말이다. 발전주의도 마찬가지다. 경기침체기에 경기부양책으로 '건설'을 이용했다는 점에서 그 부양책의 핵심은 건설사와 유주택자에게 더 많은 불로소득을 누릴 수 있게 해주는 것이다. 양도세 완화, 전매 규제 완화, 재건축 규제 완화 등을 통해서 불로소득을 노리는 투기수요를 인위적으로 만들기까지 하고 분양가상한제도 폐지해서 건설사가 더 많은 불로소득을 누리게 해주겠다는 것이다.

이런 면에서 김수현도 마찬가지다. 국가개입의 내용이 시대마다 다르다는 것에 착안하여 시기를 구분하여 성격을 규정했지만 그 한 가운데는 '불로소득'이 있다. 재개발/재건축도 결국 개발이익이라고 불리는 불로소득이 관건이다. 분양가상한제, 임대주택 의무비율, 개발부담금제 같은 핵심적인 재개발/재건축 규제들은 사실상 불로소득을 얼마나 누릴 수 있게 하느냐와 직결되어 있다. 이런 규제들이 완화되면 사업성이 향상된다고 하는데, 이는 곧 불로소득이 늘어난다는 말과 같다. 민간의 토지를 얼마에 수용할 건지, 수용한 택지를 조성해서 얼마에 팔 건지(건설사에게 분양할 택지가격을 조성원가와 감정가와 경쟁입찰가* 중 어떤 것으로 할 것인지)도 따지고 보면 불로소득의 문제이고, 분양가상한제를 강하게 적용할지 아니면 분양가를 자율적으로 할 건지도 '누가 불로소득을 더 많이 누리게 할 것인가'의 문제인 것이다.

그렇다. 대한민국 부동산체제는 불로소득의 관점에서 봐야 핵심이 파악된다. 그래야 다주택 보유 현상, 사용하지 않은 부동산을 소유하는 현상, 도시인이 농지를 보유하려는 현상, 지은 지 30년밖에 안 된 아파트를 부수고 새로 지으려는 현상, 분양가상한제를 둘러싸고

● LH가 수용해서 조성한 택지를 민간에 공급할 때의 가격 기준은 택지개발업무처리지침으로 정해놓고 있는데 공급가격 기준에는 조성원가·감정가·경쟁입찰가가 있다. 조성원가는 말 그대로 토지 수용비와 부지조성비의 합으로 결정되고, 감정가는 공인된 감정평가사가 평가한 가격인데 대체로 시장가격에는 미치지 못한다. 그리고 경쟁입찰가는 시장가격이라고 할 수 있다. 그러므로 가격의 크기는 '조성원가 < 감정가 < 경쟁입찰가'이다.

건설사와 최초 분양자 간에 입장이 다른 현상, 기술개발과 경영혁신에 매진해야 할 기업이 비업무용 토지를 사들이는 현상, 선거 때마다 개발 공약이 남발되는 현상 이면의 본질을 포착할 수 있다. 불로소득은 대한민국 부동산의 알파이자 오메가이다.

'불로소득 유발형' 부동산체제는 어떻게 작동해왔나?

대한민국 부동산체제의 성격을 '불로소득 유발형'이라고 규정했으니 이 관점에서 경제주체들이 그동안 어떻게 부동산 불로소득을 추구했는지 좀 더 구체적으로 살펴보도록 하자.

부동산체제가 불로소득 유발형으로 굴러가는 이유는 불로소득을 환수·차단하는 장치가 약하기 때문이다. 2장에서 언급했듯이 부동산 불로소득은 '부동산 매매차익+임대소득[15] − 부동산 매입가의 이자'로 정의되는데, 이 불로소득의 크기에 직접적 영향을 주는 변수는 경제성장률과 이자율과 세율이다. 경제성장률이 높다는 것은 앞으로 부동산 수요가 증가한다는 뜻이므로 부동산 가격 증가로 나타나고, 금리가 떨어지면 금융권의 돈을 조달하는 비용과 소유하고 있는 현금에 대한 이자 수입이 낮아지므로 부동산으로 더 많은 수요가 몰려 부동산 가격은 더 올라간다. 그리고 보유세가 내려가면 누릴 수 있는 불로소득이 커지고, 그에 따라 부동산 가격도 올라 결과적으로 매매차익도 커진다. 하지만 경제성장률과 이자율은 부동산에만 국한된 것이 아니므로 여기에서는 보유세 실효세율만 검토해보자.

보유세는 잘만 설계하여 적용하면 임대소득에 포함된 부동산 불로소득 상당 부분을 환수할 수 있다. 그렇게 해서 부동산 임대로 얻을 수 있는 소득의 규모가 작아지면 해당 부동산 가격도 내려가 매매차익도 획기적으로 줄어든다. 그러나 우리나라의 2018년 보유세 실효세율은 0.16%로 미국 0.90%, 캐나다 0.87%, 프랑스 0.55%, 영국 0.77%, 호주 0.34%, 일본 0.52%에 비해서 턱없이 낮다.(재정포럼 2021, 55쪽) 더구나 감면 대상이 계속 늘고 있고 주택 이외 공장용지나 상가빌딩의 부속토지는 생산에 이용한다는 명목으로 낮은 세율을 적용한다. '불로소득 유발형' 이면에는 바로 이런 세제가 자리하고 있다.

이런 구조하에서 각 경제주체가 불로소득을 얻기 위해서 어떻게 움직이는지 살펴보도록 하자.

1) 가계의 부동산 불로소득 추구

가계가 주로 구매하는 대상인 주택과 관련해서 살펴보면 '분양가상한제'가 불로소득의 출발점임을 알게 된다. 분양가상한제는 1977년 박정희 정권 시기에 도입되었다. 건설사가 선분양제도를 통해 짓지도 않은 상태에서 아파트를 판매하고 분양자들의 분양대금으로 공사를 진행하는 특혜를 누리는 대신에 정부가 아파트 가격을 시가에 절반 정도로 분양하도록 통제한 것이 바로 분양가상한제다.(김헌동·안진이 2020, 254쪽) 이 과정에서 가계와 건설사는 함께 불로소득을 누린다. 가계는 기존 시세보다 싼 가격에 주택을 분양받아 나중에 팔면 상당한 매매차익을 얻을 수 있었고, 건설사 역시 자기 돈 한 푼도 안 들이고 사업을 하면서 택지까지 싸게 분양받아 엄청난 불로소득을 누릴 수 있었다.

물론 가계는 1주택에 머물지 않고 다주택 행렬에 줄을 서기도 하는데, 이것을 가능하게 하는 수단이 비공식 금융제도인 '전세'다. 우리나라만의 독특한 제도인 전세가 정착될 수 있었던 이유는 그것이 집주인과 세입자 모두에게 유리하기 때문이다. 세입자는 목돈인 전세금만 내면 매월 월세를 내지 않아도 된다는 이점이 있다. 그뿐 아니라 전세금이 일종의 '무이자 저금' 역할을 해서 나중에 주택구매를 위한 기초 자금으로 쓸 수 있다. 그래서 결혼하는 사람은 전세금만 마련하면 그 돈을 밑천 삼아 어렵지 않게 집을 마련할 수 있었다. 집주인 입장에서 보면 전세금은 일종의 '무이자 대출'이기 때문에, 자신이 주택가격의 30~40%만 마련하면 된다는 장점이 있다. 만약 금융기관에서 빌려야 한다면 이자를 물어야 하지만, 전세 덕에 그런 부담을 피할 수 있도록 도와준 것이다. 덕분에 여유자금이 넉넉지 않은 이들도 쉽게 다주택자가 될 수 있었다. 특히 외환위기 전까지 우리나라 금융회사들은 기업대출에 집중하고 가계대출은 매우 제한적이었기 때문에, 비공식적 금융인 전세가 투기의 중요한 발판이 되었다.

물론 이렇게 가계가 주택투기에 몰두했던 데는 이유가 있다. 전반적으로 복지가 취약한 사회에서 자녀교육과 노후와 건강이 걱정되다 보니, 가격이 떨어지지 않고 오르기만 하는 자산인 부동산을 선호한 것은 어찌 보면 자연스러운 일이라 할 수 있다.

가계의 이와 같은 부동산 불로소득 추구 양상에 변화가 나타나게 된 계기는 외환위기다. 외환위기를 지나면서 한국의 금융시장과 노동시장에 급격한 변화가 생겨났다. 앞서 말했듯이 외환위기 전에는 금융회사의 가계대출 문턱은 매우 높았다. 그러나 외환위기 이후 금융회사들은 기업대출보다 안전한 가계대출, 그중에서 주택담보대출의 비중을 크게 늘렸다. 가계가 1주택이든, 다주택이든 집을 매입하는 데 과거보다 훨씬 싼 이자로 돈을 빌려주기 시작한 것이다. 물론 다주택자는 기존처럼 세입자들의 전세자금도 활용할 수 있었다. 예를 들어 집값이 5억 원이라면 3억5000만 원은 전세금으로 조달하고 1억5000만 원은 은행대출로 해결하면 쉽게 집을 살 수 있다. 그리고 전세는 계속 오르기 때문에 세입자와 재계약을 할 때 전세금을 올려 1억5000만 원의 대출금을 갚아버리고, 나중에 집값이 10억 원으로 오르면 무려 5억 원의 시세차익을 누리게 되는 것이다. 요컨대 외환위기를 지나면서 다주택자들에겐 불로소득을 노린 투기의 길이 활짝 열린 것이다.

또 하나는 노동시장의 변화다. 외환위기를 통과하면서 한국 사회는 임금 등 처우 수준이 정규직의 절반밖에 되지 않는 비정규직이 전체 노동자의 반 너머로 늘어났을 뿐만 아니라[16], 전체 노동자에서 상대적으로 고임금에 속하는 대기업 노동자의 비율도 점점 줄어들었다.[17] 이러한 노동시장 양극화를 상쇄할 만한 복지는 아직 갈 길이 멀기에 사회구성원들은 안전한 자산에 대해서 더 많이 집착하게 됐으며, 자연히 부동산 투기로 더 몰리게 된 것이다. 하지만 소득수준이 낮은 노동자들은 담보가 적고 상환능력이 약해서 이런 흐름에서 소외될 수밖에 없었다. 이런 까닭에 주택 소유 편중은 더 심해졌고, 부동산에서 발생하는 불로소득은 소득 불평등의 주범이 될 수밖에 없었다.

이런 가운데 가계는 재개발/재건축에서도 불로소득을 추구한다. 재개발/재건축에서 핵심이 되는 것 중 하나가 또 분양가상한제다. 예를 들어 재개발/재건축 전에는 집이 100채가 있었는데 재개발/재건축을 하면 30채가 더 늘어난다고 해보자. 그러니까 100채는 기존 조합원에게 돌아가는 조합원분양분이고, 30채는 일반인에게 돌아가는 일반분양분이다. 그런데 여기서 일반분양분의 가격과 조합원분담금은 반비례 관계다. 즉 일반분양분 가격이 비싸면 조합원이 부담해야 하는 분담금이 낮아지고, 싸면 높아진다. 이런 구조에서 재개발/재건축 조합원들은 당연히 일반분양분을 비싸게 팔려 하기에 분양가상한제를 폐지해달라는 요구를 끊임없이 제기하게 된다. 부동산 가격에 전반적으로 영향을 주는 보유세를 낮춰달라고 요구하는 것은 물론이다. 이런 식으로 가계는 끊임없이 불로소득을 추구해왔다.

2) 기업의 부동산 불로소득 추구

기업의 불로소득 추구는 건설사와 일반회사로 나누어 볼 수 있다. 먼저 건설사는 LH에서 택지를 분양받기만 하면, 선분양제를 통해서 자기 돈 한 푼도 들이지 않고도 아파트를 지어 불로소득을 누릴 수 있었다. 선분양제는 건설사 입장에서 너무 좋은 제도다. 물건을 보지도 않고 소비자들이 계약금을 내고 중도금과 잔금을 제때에 완불하니 말이다. 이런 구조는 상업용지의 경우에도 마찬가지다. 분양받기만 하면 엄청난 시세차익, 즉 불로소득을 누릴 수 있다.

이른바 '벌떼 입찰'이 생기는 이유도 바로 여기에 있다. 원래 LH와 같은 공기업이 민간의 땅을 수용해서 개발한 공공택지를 분양할 때 입찰하려는 건설사는 하나의 입찰권만 행사하는 것이 원칙이다. 하지만 건설사들은 당첨 가능성을 높이기 위해서 수십 개의 가짜 회사(페이퍼 컴퍼니)를 만들어 입찰에 참여하는데, 이것을 가리켜 '벌떼 입찰'이라 한다. 이렇게까지 하는 이유는 하나다. 택지를 분양받기만 하면 엄청난 초과이익을 거둘 수 있으니까.

실제로 경실련이 2019년 8월에 발표한 자료를 보면 과거 11년 간(2008~2018년) 특정 5개 건설사가 가짜 회사를 동원해 LH의 택지 30%를 독점한 것으로 나타났다. 더 놀라운 것은 상위 5개 건설사가 누린 분양수익은 6조2813억 원이고 수익률은 무려 24%에 달했다는 점이다.(경실련 2019. 8. 7) 평균 수익률을 크게 초과하는 이 수입은 어디서 발생한 것일까? 바로 토지다. 건설사는 LH에서 토지를 분양받을 때는 시세에 많이 못 미치는 조성원가 혹은 감정가에 사고, 집을 지어서 개인에게 팔 때는 시세에 가깝게 파는데, 여기서 바로 엄청난 초과이익이 발생한다. 앞서 나온 6조2813억 원의 분양수익도 공급원가는 19조9011억 원이었는데 분양 매출이 26조1824억 원이어서 얻게 된 것이다.

건설사의 수익률은 건설사가 LH에서 택지를 얼마에 분양받느냐, 그리고 분양받은 택지에 건물을 올려 초기 분양자인 개인에게 얼마에 파느냐에 따라서 결정된다. 물론 건물 건설비를 부풀려서 초과이익을 얻기도 하지만, 건물에 포함된 택지 가격에 비하면 약과다. 여기서 택지에 지은 건물(아파트)을 개인에게 파는 가격에 영향을 주는 것이 분양가상한제다. 분양가상한제를 강하게 적용한다면 개인에게 시가에 한참 못 미치게 팔게 되기 때문에 건설사는 분양가상한제에 민감할 수밖에 없다.

1999년 외환위기 직후인 김대중 정부는 경기부양을 이유로 분양가상한제를 폐지했는데, 이는 최초 분양자가 누리던 불로소득의 상당 부분이 건설사로 이동했다는 것을 의미한다. 건설사가 더 큰 불로소득을 누리게 해서 경기를 부양하겠다는 발상이다. 더구나 LH의 택지공급가격을 전용면적 85㎡ 이하는 조성원가로, 85㎡ 초과하는 택지는 감정가로 건설사에 분양한 상태에서 분양가상한제가 폐지되었기 때문에 건설사가 누리는 불로소득은 상상을 초월했을 것이다. 물론 2014년 4월 전용면적 85㎡ 이하 택지의 공급가액도 감정가로 바뀌었지만, 2007년에 재도입되었던 분양가상한제가 2014년 말에 폐지되었기 때문에 건설사가 누리는 불로소득의 규모는 별로 줄어들지 않았다.

건설사만이 아니라 일반회사가 누리는 부동산 불로소득도 상당하다. 불로소득 규모에 가장 영향을 많이 주는 보유세율이 기업 소유 부동산에서는 낮기 때문이다. 공장용지의 경우, 군郡과 시市의 읍과 면에 위치한 토지에 대해서는 아주 낮은 세율인 정률 0.2%로 부과하고 있다. 시市의 공장용지와 상가빌딩의 부속토지의 경우 국세인 종합부동산세는 명목세율 0.5~0.7%을, 재산세는 명목세율 0.2~0.4%를 적용한다.[*] 그뿐 아니라 LH가 민간의 토지를 수용하여 조성한 산업단지의 분양가격은 시가에 가까운 경쟁입찰가가 아니라 조성원가이기 때문에 분양받기만 하면 엄청난 불로소득, 즉 시세차익을 누릴 수 있다. 물론 이를 방지하기 위하여 전매제한이나 임대제한을 두고 있지만, 최초 분양받은 회사가 사용한다고 하더라도 보유기간 내내 '시장임대료와 보유세의 차액'을 얻는 셈이며, 전매제한이 지나면 엄청난 매매차익도 누릴 수 있다. 생산활동에 사용되는 부동산에 대해서 보유세 부담을 낮춰줬더니 오히려 기업이 불로소득을 추구하게 된 것이다.

일반회사의 부동산 불로소득 극대화 전략은 결국 토지를 집중 매입하는 것으로 나타난다. 법인의 경우 지난 14년 동안(2005~2019년) 토지 소유 면적이 약 3.3배 증가했는데, 그중에 규모가 가장 많이 늘어난 토지는 분리과세 대상 토지다. 14년 동안 24.7억m^2에서 87.5억m^2로 62.9억m^2가 증가한 것으로 나타났다. 14년 동안 여의도 면적(290만m^2)의 무려 2000배 이상이 증가한 셈이다.

그렇다면 법인이 분리과세 대상 토지를 이렇게 많이 사들이는 이

● 이진순(2005, 72쪽)에 따르면 세계 대부분의 나라에서는 우리나라와는 반대로 주거용 부동산이 저율로 과세되는 것이 오히려 일반적이다. 미국은 우리나라와 달리 상업용 건물의 경우 주택보다 재산세 실효세율이 더 높다. 주택은 실효세율이 0.31~3.30%이고, 상업용 부동산은 0.69~3.77%이며, 산업용 부동산의 경우 실효세율은 0.51%~2.75%이고 모두 비례세이다.(Lincoln Institute of Land Policy 2020)

유는 무엇일까? 분리과세 대상 토지가 종합부동산세 대상이 아닐뿐더러 재산세에서도 전·답·과수원 등에는 0.07%의 낮은 단일 세율이 적용되고, 군과 시의 읍·면에 위치한 공장용지에는 0.2%의 단일 세율이 적용된다는 점이 중요한 이유일 것이다. 즉 다른 토지보다 보유 부담은 낮고 기대수익률이 높기 때문이다.(이선화 2016, 23쪽)

3) 땅장사해서 주거복지 사업을 하는 LH

대한민국에서 민간의 토지를 수용·개발·매각하는 대표 주체는 LH다. 정부가 LH에게 이런 특권을 부여한 이유는 '공공 필요' 혹은 '공공의 이익'에 있다. LH는 국민의 주거문제를 해결하고 사회적으로 필요한 개발을 위해 개인의 토지를 수용한다. 수용 대상의 토지소유자는 반드시 LH에게 팔아야 하고 제값(시장 가격)을 받지도 못하고, 이용에도 제한을 받는다. 그 공공 필요를 LH는 "국민주거안정의 실현과 국토의 효율적 이용으로 삶의 질 향상과 국민경제 발전을 선도"하는 것으로 표현하고 있다.

하지만 LH도 운영해야 하는 '기업'이므로, 특히 공공임대주택 공급 및 운영에서 발생하는 적자를 메꿔야 하므로, LH의 중요한 목표 중 하나는 이윤추구가 될 수밖에 없다. 그럼 LH는 어떻게 이윤을 얻는가? 토지를 수용하고 조성하는 데 투입한 비용과, 토지를 매각해서 얻는 수입의 차액에서 얻는다. 즉 토지 불로소득이 LH의 이윤이 되는 것이다. 다만 LH는 이렇게 얻은 불로소득을 적자가 발생하는 주거복지에 투입한다. 그러나 여기서 문제는 토지 불로소득이 완전히 환수

되지 못한다는 점이다. 건설사에 매각하는 가격이 시가에 한참 못 미치는 조성원가나 감정가가 대부분이기 때문이다. 이렇게 되면 결국 기업(건설사)과 최초 분양자인 가계도 불로소득을 나눠 갖는 셈이며, 그것은 온전히 그들의 사적인 이득이 된다.

한 연구(이창무 외 2004)에 따르면, LH에게서 토지를 분양받아 아파트를 지은 일부 사례를 조사한 결과 전체 불로소득 중 택지개발자 LH는 1~6%, 주택건설사는 19~72%, 최초 분양자는 22~78%를 차지한 것으로 나타났다.(수도권의 경우는 최초 분양자가 가져가는 비율이 많고, 비수도권에서는 주택건설자가 많이 가져간다.)

이런 구조 속에서 LH의 이윤이 높아지기 위해서는 첫째로 매각가를 높이고(조성한 토지를 비싸게 팔고), 둘째로 토지 수용가를 낮춰야(싸게 사야) 한다. 결국 그러려면 부동산 경기가 활활 타올라야 한다. 여기에 문제의 핵심이 있다. LH 사업의 본질이 민간 건설사와 똑같다는 점이다. LH가 피수용자인 개인의 토지를 싼 가격에 수용해 건설사에게 비싸게 팔려 하는 것은, 건설사가 LH에서 택지를 싼 가격에 분양받아 최초 분양자에게 비싼 가격에 팔고 싶어 하는 것과 내용상 같다. 게다가 부동산시장이 달아올라야 이익이 확보된다는 점도 같다. 경쟁입찰로 매각되는 상업용지의 가격도, 택지의 감정가격도 투기가 기승을 부려야 높아지기 때문이다. 부동산시장이 뜨거울수록 혹시나 발생할지도 모를 토지의 미분양 위험도 줄어든다. 실제로 부동산 경기가 살아난 2015년 이후 LH의 당기순이익 규모는 큰 폭으로 증가했

참여연대 회원들이 3일 오전 서울 종로구 통의동 참여연대 아름드리홀에서 창릉·하남 새도시 개발이익 분석 결과를 발표하는 기자회견을 하고 있다. 참여연대는 "창릉·하남 새도시 개발이익으로 민간 건설사에 3조5천억원, 개인 분양자에게 7조원이 돌아갈 것으로 예상된다"고 주장하면서 공공택지 민간 매각 중단, 장기공공임대 50% 이상 공급, 공공분양주택 전매 시 공공 매각 등을 정부에 요구했다.
김명진 기자 littleprince@hani.co.kr

"3기 새도시 창릉·교산, 건설사·수분양자 개발이익 최대 10조 추산"

참여연대, 예상수익 분석 결과

3기 새도시에 속하는 경기 고양 창릉지구와 하남 교산지구 개발로 민간 건설사와 개인 수분양자들에게 수조원대에 이르는 개발이익이 돌아간다는 분석이 나왔다.

참여연대는 31일 기자회견을 열어 "고양 창릉지구와 하남교산지구 전체 7만2000호 중 2만8800호(공공주택비율 민간주택 비율 40%)를 택지 매각해 분양하면, 민간 건설사에 최대 3조5000억원, 개인 수분양자에게 최대 7조의 개발이익이 돌아간다"며 예상 수익을 분석해 발표했다.

참여연대는 두 새도시 인근에 민간 건설사들이 지은 30평형대 아파트단지의 분양금액(매출액)을 기준대로 삼고 토지비와 건축비 등 각종 비용을 제해 개발이익을 추정했다. '예상 수익'표를 보면, 민간 건설사는 창릉 새도시에서 1만5200호(3만8000호의 40%)를 분양해 최소 959억원에서 최대 2조8248억원의 개발이익을 벌어들이는 것으로 나타났다. 하남 새도시는 1만3600호(3만4000호의 40%)를 분양하면 최소 6247억원에서 최대 1조5461억원의 개발이익을 얻을 것으로 추정됐다. 참여연대 민생희망본부 실행위원인 임재만 세종대 교수(부동산학

과)는 "두 새도시 개발의 민간 건설사 개발이익은 최소 1조5839억원에서 최대 3조5710억원으로 추정되며, 최대 16% 이상의 높은 수익이 예상된다"고 설명했다.

참여연대는 이어 "두 새도시 개인 수분양자들에게는 최소 6조2000억원에서 최대 7조원의 수익이 발생할 것으로 추정된다"고 주장했다. 참여연대는 민간 건설사 개발이익 산출 기준으로 삼은 아파트의 평균 실거래가(2021년 3월23일 국토부 실거래가)를 2만8800호에 적용한 다음 분양금을 뺀 수분양자 개발이익을 산출했다.

장필수 기자 feel@hani.co.kr

지금과 같은 불로소득 유발형 부동산체제에서는 신도시 건설도 주거 안정에 기여하지 못하고 각 경제 주체들이 불로소득을 사유화하는 기회로 기능하게 된다. 그 대가는 무주택자들과 미래 세대들이 치르게 된다.(한겨레, 2021년 4월 1일)

다.[18](물론 2014년 4월 85㎡ 이하 택지의 매각가액을 조성원가에서 감정가로 변경한 것도 영향을 줬다.)

지금과 같은 방식으론 LH의 존재 목적인 "국민주거안정의 실현"

을 달성할 수 없다. LH가 자신들 사업의 근간을 부동산 불로소득에
의존하고 있다는 점 때문이다. 부동산시장이 달아오르고 주택가격
이 폭등하면 LH의 이익 규모는 커지겠지만, 국민의 주거불안도 동시
에 커진다. 주거복지 비용을 충분히 조달하려면 공사의 이익도 커져
야 하고, 이익이 늘어나려면 부동산 경기가 달아올라야 하는데, 이렇
게 되면 주거복지 수요가 더 늘어나는 악순환에 빠진다. 게다가 부동
산 투기가 기승을 부려 주택가격이 급등하면 주택공급이 부족하다는
'공급부족론'이 일게 되고, 이것은 택지개발이 필요하다는 것을 의미
하므로 또다시 LH의 사업 기회로 이어진다. 물론 이 지점에서도 LH
와 건설사의 이해관계는 일치한다.

불로소득 유발형 부동산체제로부터 누구도 자유로울 수 없다

이처럼 불로소득 유발형 부동산체제 아래에서는 우리 사회의 그
누구도 자유로울 수 없다. 가계는 불로소득을 누리기 위해서 주택
투기에 나서지 않을 수 없고, 좀 더 싸게 주택을 분양받기 위해 그 지
역에 가서 전세를 사는 불편을 감수하기도 한다. 예를 들어 과천은
2019년 수도권에서 전세값 상승률이 가장 높았는데 그 이유는 '로
또'라고 불렸던 지식정보타운 아파트 분양을 노리고 전입한 가구 때
문이었다. 과천에 거주하고 있어야 분양 가능성이 높아지기 때문에
많은 사람들이 전세를 얻어 들어온 것이다. 하지만 2020년에 분양이
마무리되면서 청약 수요자들이 다시 이사를 가자 전세가는 급락했

다. 가계가 이렇게 행동하는 이유는 무엇일까? 가만히 있으면 손해를 보기 때문이다. 현재와 같은 부동산체제에서는 아래처럼 "부동산으로 달려가고 싶은 마음이 불같이 일어"날 수밖에 없다.

친구는 3년 전 전세 4억으로 살았던 아파트가 매매가 5억에서 13억까지 올라 너무 속상했는데 100대 1의 행운으로 하남 아파트에 당첨이 되어 이사온 지 1년 만에 4억이 올라 그나마 다행이라고 말했다. 나는 깜짝 놀랐다. 우리 세대가 IMF도 아니고 더이상 아파트로 자산을 키울 수 없는 세대라 굳게 믿고 있었는데 친구의 말을 들으니 갑자기 속이 탔다.

그즈음 직장 동료가 자신의 고등학교 동창인 의사 친구 부부 이야기를 꺼냈다. 비슷한 또래 아들을 키워 자주 만나는데, 만날 때마다 아파트 갭 투자로 돈을 벌어야 현명한 삶이라 충고한단다. 그들이 무슨 과 의사냐고 물으니 정신과 의사들이고 시간이 많아 온종일 컴퓨터로 아파트만보고 산다고 한다. 그래서 최근 몇 년 동안 몇십억이 넘는 시세차익을 남겼다고. 의사 부부는 청약점수를 높이기 위해 장인어른과 세대를 합치는 등 위장전입을 비롯 온갖 방법을 동원해 아파트 투기에 열을 올렸단다. 의사가 부업처럼 보이는 그들 이야기를 들으며 일을 하고 있으니 다 그만두고 당장 부동산으로 달려가고 싶은 마음이 불같이 일어났다.(오마이뉴스, 2020. 7. 22)

이런 예는 우리 주위에 부지기수다. 누가 집을 사서 몇 억씩 벌었다는 이야기를 듣게 되면 웬만한 사람은 누구나 정보를 찾아 나서고 각종 인터넷 커뮤니티에 가입해서 활동을 한다. 하지만 그것도 현금 수입이 꾸준히 발생하는 사람, 시간적 여유가 충분한 사람들의 이야기일 뿐이다. 그렇지 못한 사람들은 그저 근심과 한숨만 늘어간다. 부동산 투기라는 게임은 가진 사람에게 절대적으로 유리하다.

평범한 개인도, 건설사도, 일반회사들도, 심지어 공기업인 LH도 부동산을 사고팔아서 이익을 얻으려 한다. 부동산 불로소득 체제에서는 그렇게 하는 것이 가장 큰 이익을 가져다주기 때문이다. 역으로 말하면 공공(LH)을 비롯한 모든 경제주체가 그렇게 하지 않으면 손해를 보기 때문이다. 이것이 바로 '체제'의 힘이다.

대한민국은 이렇게 50년 동안 작동한 부동산체제에 짓눌려 압사 직전에 있다. 초저출산, 세대갈등, 주거불안 가중, 불평등 심화가 그 증거다. 이제 그 체제를 바꿀 때가 되었다.

6

체제의 관점에서 본
각계의 부동산 정책 평가

진보 쪽의 부동산 정책 대안 평가

앞에서 부동산을 왜 체제의 관점에서 바라봐야 하는지를 말했으므로, 여기서는 그에 입각해 그간 각계에서 숱하게 제출해온 부동산 정책 대안들을 검토할 것이다. 대표적으로 진보 쪽에서는 신진욱 교수와 문재인 정부의 부동산 정책을 설계 및 집행했다고 알려진 김수현 교수의 대안을, 보수 쪽에서는 이창무 교수의 대안을, 시민사회 쪽에서는 부동산 문제에 대해서 가장 왕성한 활동을 전개해온 경실련의 대안을 선택해 각각 검토하고자 한다.

먼저 신진욱은 대한민국의 주택체제를 '소유자 중심의 발전주의'로 규정했다. 그는 이런 체제가 결국 세 가지 특징을 낳았다고 주장한다. 첫번째는 주택 가격이 너무 비싸서 자가보유의 장벽이 높다는 것, 두번째는 선진국과 비교해서 공공임대주택의 양과 질이 부족하다는 것, 그리고 세번째는 민간 전월세 시장에서 집주인의 힘이 압도적으로 세다는 것이다. 다 옳은 이야기다. '소유자 중심'이란 정확히 말하면 체제 자체가 주택 소유자가 매매차익이나 임대소득을 누리기 쉽게 제도가 만들어져 있다는 의미이다. 이렇게 주택 소유자가 누리는 수익이 다른 영역의 수익보다 월등하다는 것을 경험하면 너도 나도 1주택을 넘어 다주택자가 되려고 하기 때문에 주택가격은 투기적으로 상승하고, 결과적으로 자기 소득으로 주택을 마련하는 것은 점점 어려워진다. 2020년 현재 서울의 연소득 대비 집값은 12.04배로 나타났는데, 이는 서울에서 중간 정도의 소득을 가진 가구가 중간 가격의 주택을 매입하려면 12년 동안 한푼도 쓰지 않고 모아야 한다는 뜻이다.

전체 주택에서 30년 이상 장기공공임대주택(영구임대+50년임대+국민임대+행복주택)이 차지하는 비율은 2019년 현재 4.3%(국토교통부 통계누리)에 불과하다. 위치도 도심과 멀리 떨어진 곳에 공급되어 있으며, 질도 떨어진다. 전체 공공임대주택 비율은 2019년 현재 7.8%로 네덜란드(34.1%), 오스트리아(23.6%), 덴마크(21.4%), 영국(16.7%), 프랑스(14%), 핀란드(10.5%)에 비해서 낮은 실정이다. 그리고 민간임대 시장에서 임대인, 즉 다주택자들에 대한 세입자의 대항력도 너무 약하다. 세입자는 그야말로 '을'이다. 2020년 7월에 임대차 3법이 만들어져서 임차인이 4년 거주를 보장받았지만, 아직도 갈 길은 멀다.

한편 신진욱은, 소유자 중심 발전주의가 자산기반복지asset-based welfare를 낳을 수밖에 없다고 주장한다. 국가가 제공하는 복지가 충분치 않기 때문에 대부분의 국민들은 혹시 닥칠지 모르는 실업에 대한 대책이나, 충분치 않은 공적 연금을 대신할 노후 복지의 원천으로 부동산을 바라본다는 것이다.

이런 진단을 기반으로 신진욱은 두 가지 체제 대안을 제시한다. 그중 하나는 '서구 조합주의 시장 모델'이다. 이 모델은 부동산 금융을 활성화하는 동시에 공공임대주택의 비율을 획기적으로 높이는 방향으로, 네덜란드나 스웨덴이 이런 경우다. 무주택자들에게 내 집 마련에 대한 걱정을 없애주고 주거불안을 확 줄여주는 장점이 있지만, 그러나 결국 부동산이 투기의 대상이 되는 걸 막을 수 없고, 투기가 초래한 불평등을 상쇄하려면 엄청난 재정을 복지 강화에 투입해야 한다는 한계가 있다.

또 다른 대안의 하나는 '국가주의-발전주의 모델'이다. 이것은 금융 규제를 강화해서 부동산이 투기의 대상이 되지 않도록 하고, 공공임대주택을 15%까지 확대하여 중산층에게도 질 좋은 주거 환경을 마련해주는 것이다. 주택 구매를 돕기 위해 부동산 대출을 쉽게 받을 수 있게 하면 부동산 투기가 일어나기 때문에, 대출을 규제하면서 주택 마련이 버거운 계층을 위해 질 좋은 공공임대주택을 다량 공급하겠다는 것이다.

신진욱은 이런 방향으로 나아가는 것이 지금의 체제를 어느 정도 유지하면서 주거문제를 개선할 수 있는 가장 좋은 대안이라고 보고 있다. 하지만 이 대안이 성공하려면 중산층도 만족할 만한 수준의 공공임대주택을 공급해야 하고, 그럼으로써 대출을 충분히 받으면 집을 구입할 수 있는 이들의 불만을 해소해야 한다. 즉 대출을 받아 집을 소유하고 싶은 기본적 욕구를 단념시켜야 한다는 것이다.

그렇다면 이 대안은 성공할 수 있을까? 이렇게 질문해보자. 투기 차단을 위해 대출 규제를 강화하고 중산층도 거주하고 싶어 할 수준의 공공임대주택을 획기적으로 공급하면 괜찮을까? 무엇보다 그것이 대한민국에서 제대로 작동할까? 확실한 것은 공공임대주택을 중산층에게까지 공급해도 불로소득에 대한 기대가 있는 한 주택매입 시도, 나아가 주택 투기는 막을 수 없다는 점이다. 우리가 경험한 것처럼 비공식적 금융제도인 전세를 얼마든지 지렛대로 활용할 수 있기 때문이다. 주택을 보유하려는 목적엔 주거 안정만 있지 않다. 즉 1주택자라고 해서 불로소득에 대한 기대가, 투기 욕구가 없는 것은 아니다.

지금과 같은 체제에서는 부동산에 관한 모든 경제행위 안에 불로소득에 대한 기대가 끼어 있다는 점을 잊으면 안 된다. 더도 말고 최근 유행한 '똘똘한 집 한 채'를 떠올리면 된다. 다주택자에겐 부담을 주고 1주택자에겐 혜택을 주기 때문에 기왕이면 더 투자가치가 높은 집, 즉 다른 집보다 더 많이 오를 수 있는 '똘똘한 1채'를 선택하는 것이다. 예를 들어 소득수준을 봤을 때 4억 원짜리 주택이면 적당한데, 무리를 해서 9~10억 원짜리 주택을 구입하는 이유는 그 주택이 더 많이 오를 거라 예상하기 때문이다. 강남에 전세를 끼고 집 한 채 사놓고 자신은 지방에서 세 사는 이유도 바로 여기에 있다. 그러므로 주택 소유 희망 계층의 욕구를 잠재우기 위해서는 대출 규제만으로는 역부족이다. 불로소득에 대한 기대를 애초에 차단하는 것이 무엇보다 중요하다. 그런데 이에 대한 신진욱의 인식은 약해 보인다. 아마도 부동산 문제에서 불로소득이 알파와 오메가임을 충분히 인식하지 못했기 때문으로 보인다.

다음으로, 부동산학자 김수현이 대한민국의 주택체제의 성격 변천사를 검토하면서 제안한 대안적 주택체제는 자가와 민간임대와 공공임대 간 균형을 추구하는 '균형추구형 주택체제'다. 이런 체제를 택한 이유는 현재 다주택자들이 세놓은 집에 거주하는 세입자 가구(전체 가구의 35~40%)가 집을 가질 수 있도록 하는 정책은 현실적으로 불가능할 뿐만 아니라 위험하다고 봤기 때문이다. 지금과 같은 상황에서 무주택자들이 자기 연소득의 10배가 넘는 집을 사려면 대출을 많이 받을 수 있어야 하는데, 이렇게 되면 가계부채 문제가 지금보다 더 심각해지고 나아가서 미국과 같은 금융위기를 초래할 수 있다는 것이다. 그래서 국가개입의 성격을 바꿔서 1주택자와 공공임대주택 거주자에게만 세제와 재정지원을 할 게 아니라, 다주택자에게도 지원해야 한다고 주장하는 것이다. 좀 더 풀어 말하면 1주택자에게만 보유세와 양도세 혜택을 주고 공공임대주택 거주자에게만 값싼 임대료라는 혜택을 줄 게 아니라, 다주택자들에게도 세제와 금융 등의 다양한 혜택을 부여하고 그 대신 임차인들의 안정적 거주를 보장하자는 것이다. 어차피 모든 사람이 '내 집'을 가진다는 것은 불가능하니까 말이다. 동시에 김수현은 부동산 불로소득으로 실업과 노후를 대비하는 현재의 자산기반 복지시스템도 서서히 연착륙시켜야 한다고 강조한다.

그러나 결론부터 말하면 대한민국에서 균형추구형 주택체제는 작동 불가능하다. 무엇보다 김수현이 말하는 자산기반 복지의 연착륙이 가능하려면, 부동산에서 발생하는 불로소득 환수 및 차단장치를 강화해야 한다는 걸 지적할 필요가 있다. 그것이 되지 않은 상태에서 1주택자에 대한 지원뿐만 아니라 민간임대사업자인 다주택자에게까지 고른 혜택을 주게 되면 어떻게 될까? 2018년에 경험했듯이 주택가격 폭등이라는 대참사가 벌어진다. 임대사업자로 등록하는 다주택자들에게 재산세는 50~100% 감면, 종부세는 면제, 임대소득세는 약 90% 감면, 시세차익에 대한 양도세는 10년 임대할 경우 100% 감면하겠다는 발표를 듣고 유주택자들은 전세와 더 쉬워진 금융대출을 이용해 더 많은 주택을 사들여 임대주택으로 등록했다.

그 결과 주택가격은 폭등했다. 생각해보라. 주택가격이 내려가려면 기존 주택 가운데 다주택자들이 투기 목적으로 보유한 주택이 시장에 매물로 쏟아져 나와야 한다. 그런데 민간임대사업자 등록 정책은 오히려 투기 목적으로 보유하고 있던 주택을 더 오래 보유하라는 신호로 작용했다. 즉 시장에 나올 주택도 거두어들이게 한 것이다. 거기에 더해 여유 있는 사람들은 민간임대사업자가 되려고 주택 매입에 나섰으니 주택가격이 폭등한 것은 당연한 결과였다. 김수현이 제안한 '균형추구형 주택체제'가 제대로 작동하려면 기본적으로 불로소득을 확실히 환수할 수 있는 장치를 마련했어야 한다. 그런데 김수현은 여기에 집중하지 않았다.

진보 쪽의 신진욱과 김수현이 제시한 대안을 보면 다음과 같은 공통점이 있다. 그것은 금융 규제를 강조한다는 것이다. 그런데 금융 규제를 강화하면 집을 아직 마련하지 못한 상당수의 저소득층과 중소득층은 불만을 가질 수밖에 없다. 이 불만을 해소하는 방안으로 신진욱은 질 좋은 공공임대주택 공급을 획기적으로 늘리자는 쪽으로 방향을 잡았고, 김수현은 그것은 시간이 걸리고 엄청난 재정도 투입해야 하니 다주택자에게 혜택을 주고 세입자가 민간임대주택에 장기간 안정적으로 거주할 수 있게 하는 데서 대안의 방향을 찾은 것이다.

이처럼 진보 쪽에서 내건 대안이 금융 규제 강화에만 집중하는 이유는 무엇일까?[19] 누차 지적했듯이, 불로소득의 관점이 부족하기 때문이라고 판단된다. 5장에서 다뤘듯이 체제의 관점에서 부동산을 바라보려는 이유는 현재 대한민국 부동산체제의 핵심 성격을 규정하고 대안을 제시하기 위해서다. 이런 관점에서 볼 때, 진보 쪽의 연구자들은 그동안 한국 사회가 겪었던 부동산 문제의 핵심으로 들어가지 못하고 있다는 점을 지적하지 않을 수 없다. 물론 금융 규제를 강화하면 불로소득의 규모가 줄어들고 강력한 반발을 불러일으킬 것이다. 하지만 '불로소득'에 집중해야 금융 규제뿐만 아니라 불로소득을 차단할 수 있는 더 좋은 수단인 세제를 포함해 보다 근본적인 대책으로 나아가게 되는데, 이들에게는 이런 모습이 보이지 않는다.

또 하나는 '토지'에 대한 인식도 흐릿하다는 점이다. 주택이든 상업용 부동산이든 산업용 부동산이든, 불로소득은 건물이 아니라 토지에서 발생한다. 토지에 발을 딛고 부동산을 바라보아야 주택뿐만 아니라 상가 건물, 공장용지, 농지 등 모든 부동산에 대한 문제를 한눈에 파악해서 유기적이고 종합적으로 사고하게 된다. 토지의 관점에서 봐야 불로소득은 주택에서만 생기는 것이 아니라 모든 부동산에서 생긴다는 시각을 얻고, 금융 규제는 물론 부동산 일반에 적용되는 세제와 나아가서 토지 사유제를 극복하는 대안적 모델까지 고민하게 된다. 하지만 신진욱과 김수현의 연구는 택지공급 면에서 토지를 다루기는 하지만 부동산 문제의 뿌리가 토지에 있다는 인식은 찾아보기 어렵다.

만약 토지 중심적, 불로소득 중심적 접근을 한다면 어떤 대안을 내놓아야 할까? 대출을 많이 받지 않고도 집을 살 수 있게 집값을 획기적으로 낮추면서 불로소득을 원천적으로 차단할 수 있는 주택공급 방식을 모색해야 할 것이다. 나아가서 주택뿐만 아니라 부동산 전반에 적용할 수 있는 세제를 설계하게 되고 금융 규제수단을 유연하게 활용하려 할 것이다. 이 지점에서 우리는 부동산 문제의 '본질'과 그로부터 파생된 '현상'에 대한 인식이 대안 제시의 방향과 내용을 결정한다는 점을 다시금 확인하게 된다.

'시장주의' 대안 평가

이른바 '시장주의'를 대표하는 학자인 이창무는, 지금까지 우리나라의 부동산 정책은 1주택을 권장하고 다주택자를 징벌하는 체제로 일관했다고 본다. 그의 언어로 표현하면 대한민국의 주택체제는 '반 反시장주의 체제'로 명명할 수 있을 듯하다. 다주택자에게 종부세와 양도세를 중과하는 데 반해 1주택자는 양도세를 거의 면제해줄 뿐만 아니라 분양제도도 무주택자에게 유리하다는 것 등이 다주택자 징벌 의 대표적인 예이다. 선분양제도를 통해 건설사가 무이자로 건설자 본을 조달하는 특혜를 누리긴 하지만, 기본적으로 이 제도는 시세보 다 분양가를 낮춰 무주택자를 1주택자로 만들려는 의도가 깔려 있다 는 것이 바로 그의 시각이다.

그가 '1주택자 우대-다주택자 징벌'이라는 반시장주의 정책을 비 판하는 이유는 두 가지 때문이다. 하나는 이런 정책 조합이 결과적으 로 1주택자에게 도움이 되지 않는다는 것이다. 오히려 다주택자에 대 한 양도세 중과와 임대사업자 기준을 완화했던 1999년 이후에 자가 거주율이 57%에서 계속 상승하여 2003년에는 60%에 도달했다고 그 는 주장한다.(이창무 2015, 17쪽) 그에 따르면 다주택자 규제가 완화되 어 가격상승에 대한 시장압력이 주택공급의 확대로 이어질 때 자가 보유율이 상승하게 되는데, 박근혜 정부와 김대중 정부 시기에 그랬 다는 것이다. 반면 문재인 정부와 노무현 정부에서는 계속된 수요 억 제로 주택가격 상승으로 인한 시장압력이 공급확대로 이어지지 못했 기 때문에 자가보유율이 오르지 않았다고 분석한다.(이창무 2020, 55 쪽) 즉 다주택자를 규제하면 건설사가 집을 덜 짓게 되고, 그래서 무 주택자들이 집을 사기 더 힘들어진다는 것이다. 거기에 담보대출 규제 강화는 자가보유율 향상을 더욱 어렵게 한다고 설명한다.

아울러서 그는 다주택자를 규제하면 무주택자들의 주거비가 높아진다는 점도 지적한다. 다주택자들을 불로소득을 노리는 암적인 존재로 치부해서 그들의 투자 및 임대사업의 기능을 떨어뜨리면 임대주택 공급이 줄고 전월세값 상승으로 이어져 무주택자들이 더 높은 주거비용을 감당하게 될 수밖에 없다는 것이다.(이창무 2010, 202쪽)

그렇다고 그가 다주택자의 이익을 무조건 옹호하는 것은 아니다. 이창무는 매매차익을 전제로 하는 전세제도가 다주택자의 부정적 기능을 부각시킨다고 보았다. 그리고 임대사업은 기본적으로 꾸준히 발생하는 임대소득을 전제로 이뤄지는 경제행위인데, 지금의 전세제도에서는 임대사업자가 정기적인 임대소득이 아니라 집을 팔 때 한 번 발생하는 매매차익을 추구할 수밖에 없으므로 지속적인 현금 흐름을 얻으려는 기업형 민간임대사업자의 출현이 어렵다고 보고 있다. 그뿐 아니라 전세제도를 이용해 1주택자도 '갭투자'라는 이름으로 투기에 참여하는 것도 문제라고 지적한다.(이창무 2010, 199~212쪽)

이런 진단을 통해서 이창무는 전세의 월세화를 통해 다주택자들의 부정적 기능을 긍정적 기능으로 전환하자고 제안한다. 즉 다주택자들이 매매차익이 아니라 임대소득을 추구하도록 유도하자는 것이다. 좀 더 구체적으로는 다주택자를 죄악시하는 다주택자 양도세 중과와 다주택자에게 불리한 종합부동산세를 폐지하는 동시에, 전세 및 보증금에 대해서도 임대소득세를 징수해서 임대인이 전세보다 월세를 선호하도록 만들자는 것이다. 그의 일관된 입장은, 다주택자를 사회의 암적인 존재로 보면 안 되며, 순기능을 하도록 유도하는 게 세입자에게도 도움이 된다는 것이다.

이와 같은 이창무의 시장주의적 방안에 대해 우선 지적할 수 있는 것은 그 역시 (의도적으로) 불로소득의 문제를 간과하고 있다는 점이다. 그가 문제삼는 다주택자에 대한 과도한 규제는 본질상 불로소득의 문제다. 1주택자 대상 양도세 면제와 낮은 분양가에 대한 문제제기의 본질도 불로소득에 있다. 다른 각도에서 보면 이창무 교수의 비판은, 1주택자들에게는 싸게 분양받게 해주고 양도세도 거의 안 내게 해줌으로써 불로소득을 충분히 누리게 해주면서, 왜 다주택자에게는 보유세 및 양도세를 무겁게 부과해서 불로소득의 규모를 줄이냐는 점잖은 항의다. 1주택자건 다주택자건 불로소득을 누리는 것에서 차별하면 안 된다는 이야기다. 그러면서 전세 및 보증금에 대해서도 임대소득세를 부과해서 전세의 월세 전환을 유도하자고 주장한다. 전세 및 보증금에 소득세를 부과하면 아무래도 임대인은 전세를 월세로 전환하게 되고, 다주택자는 안정적인 임대사업자 기능을 할 수 있다는 것이다.

하지만 이런 주장은 서로 충돌한다. 다주택자에 대한 양도세와 보유세 부담을 가볍게 해주면 매매차익에 대한 기대가 더 커져서 전세의 월세 전환은 더욱 어렵게 된다. 다주택자에겐 전세금이 일종의 무이자 대출이기 때문이다. 다주택자 입장에서는 매매차익이 기대되지 않아야 꼬박꼬박 발생하는 임대소득으로 관심이 이동하게 된다.

이창무가 진정한 시장주의자라면 다주택자이든 1주택자이든 불로소득을 동등하게 누리게 해주자고 할 것이 아니라, 반대로 1주택자이든 다주택자이든 불로소득은 모두 환수 및 차단해야 한다고 주장해야 할 것이다. 불로소득이 사라진 시장이 건강한 시장이기 때문이다. 불로소득이 사라지면 다주택자를 문제삼을 필요가 없다. 마치 자동차를 여러 대 보유하고 렌트하는 것이 사회적 문제가 되지 않는 것과 마찬가지다. 이렇게 일관성 있는 정책을 추진하면 다주택자들은 보유주택을 시장에 내놓을 것이고, 무주택자들 중 주택 구입을 원하는 계층은 낮은 가격에 주택을 구입할 수 있게 될 것이다.

한편 그는 과거에 다주택자 양도세와 보유세를 강화했을 때 자가보유율이 증가하지 않았다고 비판했는데, 그건 그 정책에 대한 신뢰가 약했기 때문이라고 답할 수 있다. 정부가 다주택자 양도세를 강화할 것이라고 정책을 발표해도, 1~2년 뒤 정권이 바뀌고 다시 그 정책이 폐지될 것이라고 여긴다면, 다주택자들은 주택을 시장에 내놓지 않을 것이다. 만약 정책의 지속성을 시장이 의심하지 않았다면 다주택자들은 보유한 주택을 시장에 내놓고 무주택자들이 이 주택을 매입하게 되어 자가보유율은 높아졌을 것이다. 그리고 매매차익이 줄어들게 되면 전세도 월세로 자연스럽게 이동할 것이다. 물론 시장에서 주거를 해결하기 어려운 계층을 위한 공공임대주택 공급은 지속적으로 이루어져야 한다.

돌아보면 부동산에서만큼 '시장'이란 용어가 본래의 의미로 사용되지 않는 영역도 드물 것이다. 시장이 정상적으로 작동하려면 불로소득이 끼어들어서는 안 된다. 불로소득이 사라지면 시장엔 실수요만 등장하고, 공급도 그에 맞춰서 반응한다. 그런데 대한민국에서 '부동산 시장주의'라는 용어는 불로소득을 맘껏 누리게 하라는 뜻으로 쓰이고 있다.

300여 년 전에 '보이지 않는 손'이라는 말로 시장 시스템을 옹호했던 애덤 스미스가 이런 현상을 보면 뭐라고 할까? 자신이 말하는 시장은 부동산 불로소득을 인정하지 않는 것이라고 하지 않을까? 그는 토지를 소유한 지주들은 "스스로 노동도 하지 않고, 조심도 하지 않고, 마치 저절로 굴러들어오는 것처럼 자기의 의도·계획과는 무관하게 자신의 수입을 얻고 있는 유일한 계급이다"라고 비판했다. 오늘날 한국의 부동산 부자들도 이와 다를 바 없는 모습이 아닌가.

경실련의 분양가상한제 평가

경실련만큼 한국 사회의 부동산 문제를 해결하기 위해서 노력해온 시민단체도 드물다. 1989년 설립 때부터 경실련은 부동산 문제 해결을 주요 과제로 삼아 지금까지도 선두에서 활동하고 있다. 경실련이 주장하는 대안의 핵심은 크게 세 가지다. 첫째는 분양원가를 자세히 공개해서 건설사가 취해왔던 폭리를 확 줄여야 한다는 것, 둘째는 공개된 분양원가에 적정 이윤을 붙인 분양가상한제를 모든 아파트에 적용하여 신규 주택의 분양가를 확 낮춰야 한다는 것, 셋째는 LH 등이 수용한 토지를 팔지 말고 임대하여 그 토지에 토지임대부 분양주택을 대량으로 공급하는 것이다. 이 중에서 경실련의 도드라진 주장은 분양원가 공개와 분양가상한제를 통해서 아파트 공급가격을 획기적으로 낮추면, 투기적으로 상승한 기존 주택의 거품도 빠진다는 것이다. 즉 경실련은 분양가상한제를 투기 차단의 핵심 수단으로 제시하고 있다.

그러나 결론부터 말하면 이는 지나친 주장이다. 분양원가 공개와 분양가상한제는 건설사의 비리나 부패 해결에는 좋은 수단일지언정, 부동산 투기를 해결할 수 있는 수단은 아니다. 이 점을 놓치게 되면 과거 정부의 부동산 정책에 대한 평가와 대안 제출에 문제가 생긴다. 왜 그런지 살펴보자.

분양원가 공개와 분양가상한제에 대한 경실련의 설명 논리는 이렇다. 분양원가를 낱낱이 공개하고 거품을 뺀 분양가상한제를 모든 아파트에 적용하면 신규 주택의 가격이 대폭 내려가고, 이런 방식으로 값싼 주택을 계속 공급하면 결국 주변 시세도 낮아진다는 것이다. 반대로, 분양가상한제가 적용되지 않고 신규 주택의 분양가가 비싸면 주변 시세가 상승하고 이를 기반으로 분양이 더 높은 가격으로 이뤄지는 악순환이 계속된다는 것이다.

하지만 이러한 경실련의 가격규제론은 원인과 결과를 완전히 뒤집은 주장이다. 고분양가 때문에 부동산 투기가 일어나는 것이 아니라 부동산 투기가 일어났기 때문에, 다르게 말하면 '앞으로 집값이 계속 올라갈 것'이라고 시장참여자들이 확신하기 때문에 건설사가 고분양가로 집을 내놓는 것이다. 연간 신규 주택 공급량이 전체 주택 재고에서 차지하는 비중이 3%도 채 안 되는데, 그걸 싸게 분양했다고 전체 주택 가격이 좌우된다는 것은 말이 안 된다. 그것은 마치 코끼리의 코를 붙잡고 흔들면 코끼리가 흔들릴 것이라고 말하는 것과 같다.

예를 들어 설명해보자. 기존 주택가격이 평당 2000만 원인데, 분양가상한제를 적용해서 신규 주택을 1000만 원에 분양했다고 하자. 이렇게 하면 기존 주택 가격이 평당 1000만 원으로 내려갈까? 아니면 평당 1000만 원짜리 신규 주택이 2000만 원으로 올라갈까? 물어보나 마나. 새로 공급되는 주택은 이미 형성된 가격의 수용자price taker이지 절대로 가격설정자price maker가 될 수 없다. 따라서 분양가를 현재 시세보다 대폭 낮춰 공급하면 지금까지 건설사가 차지한 불로소득이 최초 분양자에게로 이전될 뿐이다. 이른바 '로또 아파트'가 이렇게 탄생하는 것이다.

이것은 분양가상한제에 항상 전매제한 기간이 따라붙는 이유를 생각해보면 쉽게 이해할 수 있다. 싸게 분양받는 대신에 의무적으로 2~5년 팔지 못하게 하는 것이 전매제한인데, 이는 순전히 시세차익만을 노리는 투기꾼을 차단하기 위한 조치다. 만약 경실련의 논리대로 분양가상한제를 적용받은 주택이 시장에 대량 나왔을 때 주변 시세도 낮아져서 초기 분양자가 시세차익을 누릴 수 없다면 전매제한은 불필요하다. 오히려 전매제한을 폐지하는 것이 기존 주택가격을 내리는 데 도움이 될 것이다.

그렇다고 분양가상한제가 전혀 효과 없다는 것은 아니다. 투기 국면에서는 신규 주택의 높은 분양가가 주변의 기존 주택의 가격을 끌어올리는 기능을 어느 정도 발휘한다. 하지만 그것도 투기 국면에서의 이야기일 뿐이다. 투기 국면이 아닌데 기존 주택가격보다 높은 분양가에 공급하면 어떻게 될까? 당연히 팔리지 않을 것이고, 결국엔 가격을 내려야 겨우 분양될 것이다.

그러나 경실련은 이런 설명에 동의하지 않는다. 그건 이론일 뿐이고 구체적인 현실은 그렇게 움직이지 않는다는 것이다. 그 근거로 경실련은 [도표 8]을 제시한다. [도표 8]을 보면 1990년대 내내 잠잠하던 강남권 아파트들이 1999년 1월 김대중 정부가 건설사의 이익을 더 많이 보장하기 위해 분양가상한제 폐지를 단행한 이후 상승하기 시작했다. 그 이후에도 분양가상한제 도입을 차일피일 미루고 분양원가 공개가 시장원리에 안 맞는다고 했던 노무현 정부 때도 주택 가격이 계속 올랐는데, 2007년 9월 분양원가 공개를 결정한 이후 가격 상승세가 멈췄다. 2008년 1월 분양가상한제 시행 이후엔 아파트값이 떨어졌고, 2014년 12월에 민간 택지 아파트에 한해서 분양가상한제를 폐지하자(공공택지의 경우는 유지) 지금까지 고공행진을 하고 있다는 것이다. 분양가상한제가 도입될 때마다 아파트값은 떨어졌고, 폐지될 때마다 아파트값은 올라갔으니 분양가상한제가 독립변수이고 주택가격을 종속변수로 봐야 한다는 것이다.

경제학 이론과는 맞지 않는 이런 현상이 일어나는 이유에 대해서 경실련은 다음과 같은 설명도 덧붙인다. 시세보다 싼 가격의 신규 주택을 계속 공급하면 기존 주택을 매입하지 않고 값싼 신규 주택을 기다리기 때문에 기존 주택의 가격도 내려간다는 것이다. 이명박 정부 때 도심 인근에 시세 70~80% 수준의 보금자리주택을 2018년까지

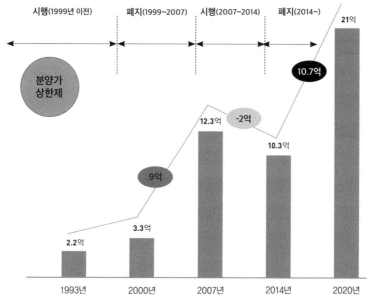

[도표 8] 강남 아파트값 변화(30평 기준)

시행(1999년 이전)　폐지(1999~2007)　시행(2007~2014)　폐지(2014~)

21억

분양가
상한제

10.7억

12.3억　-2억

10.3억

9억

3.3억

2.2억

1993년　2000년　2007년　2014년　2020년

자료: 경실련 자료(2020. 10. 14) 일부 수정

150만 호 공급한다는 계획을 발표했고 그중에 중소형 분양주택이 70
만 호나 됐기 때문에 무주택자들은 그런 주택이 계속 공급될 줄 알고
기다렸고, 그래서 이명박 정부 때 집값이 잡힌 것이라는 실례도 든다.
이런 까닭에 투기 수요를 차단하기 위해서 다양한 정책을 구사한 참
여정부보다 이명박 정부가 더 잘했다고 평가하기도 한다. 참여정부
는 분양가상한제를 도입하지 않아 그 결과 서울 및 수도권의 집값이
폭등한 데 반해 이명박 정부는 분양가상한제를 실시하고 집을 싸게
공급해서 서울 및 수도권의 집값을 잡았다는 것이다.

그런데 위와 같은 경실련의 주장이 설득력이 있으려면 두 가지가 설명되어야 한다. 5장에서 언급했듯이 분양가상한제는 1977년 박정희 정부에서 시작돼 시세보다 싼 주택을 계속 공급했고 1989년에는 원가에 연동해서 분양가를 결정하는 '원가연동제'라는 이름으로 분양가상한제가 실행되었다. 그런데도 1970년대 말부터 1990년대 초까지 집값이 투기적으로 상승했는데 그건 어떻게 설명할 수 있냐는 것이다. 또 하나 설명이 필요한 건 이명박 정부 때 수도권 집값은 하락했지만, 마찬가지로 분양가상한제를 적용한 지방의 아파트값이 올라간 현상이다. 정부 통계에 의하면 이명박 정부 5년 동안(2008년 2월~2013년 2월) 서울의 아파트값 상승률은 −2.1%, 강남권의 아파트값은 −7.6% 떨어졌지만, 지방의 아파트값은 무려 24.7% 오른 것으로 나타났다. 참여정부(2003년 11월~2008년 2월)[•] 시기에는 정반대로 서울의 아파트값은 26.5%(강남권은 28.4%)가 올랐고, 지방의 아파트값은 5.9%밖에 오르지 않은 것으로 나타났다. 분양가상한제가 가격 변화의 핵심 변수라면 이명박 정부 시기에 지방도 떨어졌어야 하는 것 아닐까? 반대로 분양가상한제가 투기의 핵심 변수라면 참여정부 동안에는 서울뿐만 아니라 마찬가지로 분양가상한제를 적용하지 않은 지방도 올랐어야 하지 않나?

　　경실련의 논리는 분양가상한제만으로 주택가격의 상승과 하락을 설명하려 하지만 그것만으론 1970~1980년대의 주택가격 상승과 이

●　통계청은 관련 통계를 2003년 11월부터 제공하기 시작했다.

명박 정부에서 지방의 아파트값 상승, 그리고 참여정부 기간에 지방의 아파트값이 잠잠했던 걸 설명할 수 없다. 이를 보면 주택가격 상승 여부는 신규 공급 가격이 아니라 기존 주택시장에 투기 수요가 얼마나 되느냐가 관건이라고 해야 하지 않을까?

경실련의 결정적 오류는 집값이 무주택자들의 수요에 의해 결정된다고 보는 점에 있다. 값이 싼 주택이 계속 공급되리라 예상되면 무주택자들이 기다리고, 그렇게 되면 수요가 줄어들기 때문에 집값은 안정된다는 것이다. 그러나 집값에는 무주택자들이 아니라 유주택자들 혹은 다주택자들의 투기 수요가 압도적으로 큰 영향을 미친다. 이명박 정부 때 수도권의 아파트값이 떨어진 이유는 유주택자들이 수도권 주택 매집에 나서지 않았기 때문이다. 즉 가격 상승에 대한 기대가, 불로소득에 대한 기대가 크지 않았기 때문에 투기를 단념한 것이다. 물론 이명박 정부는 부동산 경기부양을 위해 온갖 정책을 동원했다. 헌법재판소의 결정에 따라 종합부동산세 과세대상을 세대별 합산에서 개인별 합산으로 변경하고*, 1주택자의 경우는 공제금액을 6억 원에서 9억 원으로 올렸으며, 공정시장가액비율을 도입하여 과세표준 현실화를 중단시켜 보유세를 완화했다.** 또한 투기과열지구 및

● 세대별 합산을 인별 합산으로 바꾸면 세 부담이 크게 완화된다. 예를 들어 한 세대에 남편과 아내가 각각 주택을 소유하고 있다고 가정해보자. 세대별로 합산하면 두 주택을 합산해서 과세하고, 인별로 합산하면 주택 각각에 대해 과세하기 때문에 누진세 구조에서는 인별 합산했을 때 세금이 훨씬 줄어든다.

●● 참여정부가 만든 종합부동산세는 2009년에 공시가격을 과세표준으로 삼게 되어 있었는데, 이명박 정부는 공시가격의 80%를 과세표준으로 하도록 법을 개정했다.

투기지역과 주택거래신고지역을 해제했으며, 투기의 뇌관 역할을 하는 재건축 규제를 완화했고, 취득에 대한 부담을 낮춰주기 위해 취득세를 한시적으로 감면하는가 하면, 양도세 면제 요건도 완화시켰다. 게다가 임대사업자에게 많은 특혜를 부여했고, 분양권 전매제한을 완화했으며, 재건축초과이익환수제를 유예시켰고, 민영주택 재당첨 제한도 폐지시켰다. 한마디로 이명박 정부는 부동산 투기에 몰두한 정부였다. 그럼에도 미국발 금융위기에 이어 유럽 재정위기까지 겹쳐 유동성이 부족했고, 이미 수도권은 참여정부 때 많이 올랐기 때문에 투기 수요는 상대적으로 덜 오른 지방의 주택을 앞다퉈 사들였다. 그런 까닭에 서울 및 수도권의 집값은 떨어진 반면 지방의 집값은 폭등한 것이다.

결론적으로 말해서 분양원가 공개와 분양가상한제의 역할은 투기 차단에 극히 제한적이라는 것이다. 분양원가 공개와 분양가상한제가 무의미한 제도라는 것은 아니다. 이 제도들이 건설사가 건물을 통해 누려왔던 과도한 초과이익과 건축 과정에서 발생하는 비리와 부패를 차단하는 수단이 된다는 데는 동의한다.

그렇다면 분양가상한제의 효과에 대한 경실련의 과도한 주장이 낳는 문제는 무엇일까? 가장 큰 문제는 부동산 문제 해결을 염원하는 일반 시민들이 본질적이지 않은 문제에 지나치게 관심을 가지게 만든다는 데 있다. 심지어 상당수의 진보 지식인들조차 참여정부가 부동산 정책에 실패한 중요한 이유가 분양원가 공개와 분양가상한제를 하지 않았기 때문이라고 볼 정도다. 참여정부 시기에 수도권의 집값이 올라간 이유는 투기 수요를 차단하는 중요한 정책이 늦게 집행되었고, 시중에 돈이 너무 많이 풀렸기 때문이다. 부동산 가격상승의 주된 원인은 고분양가가 아니라 바로 투기 수요였다.

분양가상한제에 대한 지나친 의존이라는 오류가 있긴 하지만, 그 외 경실련의 정책 대안들은 상당히 효과적이고 의미 있다. LH가 수용한 토지를 팔지 말고 임대해야 한다는 토지임대정책, 토지임대부 분양주택을 공급해야 한다는 정책, 공시지가와 시가의 괴리에 대한 끊임없는 문제제기 등 경실련은 우리 사회 부동산 문제 해결을 위해 매우 중요한 역할을 하고 있다. 하지만 이런 정책대안들이 뿌리가 튼튼한 철학과 이론에 기초해서 종합적이고 체계적으로 제시되지 못하고 있는데, 이는 아마도 분양원가 공개와 분양가상한제에 과도한 의미 부여를 하기 때문으로 보인다. 분양원가 공개와 분양가상한제는 건설 부패와 분양제도 개선 차원에서 접근해야 한다. 그것과 함께 불로소득을 차단·환수하는 주택 공급, 그리고 투기 수요를 없애는 부동산 세제를 종합적으로 제시하는 방향에서 진정한 정책대안을 찾아야 할 것으로 보인다.

7

우리에게 필요한 새로운 '부동산 정의론'

부동산에 정의론이 필요한 이유

새로운 부동산체제에서 가장 중요한 것은 '새로운'이라고 하는 수식어를 붙이기에 합당한 정의론이다. 동시에 그 정의론은 '불로소득 유발형' 부동산체제의 문제를 근원적으로 드러내주는 것이어야 한다. 모든 문제는 깊이 들어가면 학제적 연구가 된다. 그중에 특히 부동산 문제는 철학·법학·정치학·경제학 등 거의 모든 학문 분과와 두루 연계되어 있다. 부동산에서 가장 중요한 것 중 하나가 재산권 문제이며, 틈만 나면 특정 부동산 정책을 놓고 사유재산권 침해 논란이 빚어지는 것을 통해서 알 수 있듯이 부동산은 철학과 법학의 중요한 주제이다. 또 부동산은 분배에 막대한 영향을 주기 때문에 '가치의 권위적 배분'으로 정의되는 정치학의 주요 과제이기도 하다. 그리고 불평등과 경제 전반에 영향을 미치는, 경제학의 핵심 이슈임은 말할 것도 없다.

이 중에서 가장 중요한 것은 철학, 즉 정의론이다. 새로운 부동산 체제는 일련의 정책 조합으로 구체화될 텐데, 가장 중요한 것은 그러한 정책 조합의 '근거'다. 그 근거를 마련해줄 수 있는 것이 바로 '부동산 정의론'이다. 보다 구체적으로 말하면 부동산 '분배' 정의론이다.

그런데 부동산 관련 연구는 일종의 가치중립적인 과학 영역인데, 분배 정의론은 '신념의 영역'이므로 곤란하다고 할 수도 있다. 학문은 신념으로 하는 것이 아니라는 충고가 나오기도 한다. 그러나 가치중립이란 거짓말이다. 명시적으로 밝히진 않더라도, 부동산에 관한 어떤 주장에도 분배 정의론에 관한 나름의 입장이 전제되어 있다.

예를 들어 '시장주의자'라고 불리는 학자들은 부동산 사적 소유가 정당하다는 나름의 정의론을 기초로 논리를 전개한다. '시장주의자'들은 부동산에 세금을 무겁게 부과하는 것에 기본적으로 반대하는데, 거기엔 그렇게 하면 경제 전체의 효율이 떨어진다는 그들 나름의 (그릇된) 근거도 있지만, 근본적으론 그런 과세가 부동산을 사유재산이 아니라 공유물로 전제한다고 보기에 반대하는 것이다. 즉 부동산은 사적 소유의 대상이라는 전제 혹은 신념이, 그들 주장의 가장 밑바탕에 깔려 있다. 그러므로 새로운 부동산체제를 제시하려면 부동산에 대한 새로운 분배 정의론을 먼저 정리한 후 그 정의론에 기초한 정책패키지를 제시해야 한다.

분배 정의론을 다루는 학문 분야가 바로 '정치철학'이다. '정치'철학은 말 그대로 국가 자체가 뭔지 혹은 국가의 역할이 무엇인지를 철학적 수준에서 탐구하는 학문이다. 국가가 개인의 재산권을 얼마나 어떻게 인정해야 하는지, 경제를 운영하는 제도의 원칙이 무엇인지, 개인의 타고난 능력 차이와 각 사람이 처한 사회적·환경적 조건의 차이를 어떻게 다룰지를 근본에서부터 검토하는 것이 정치철학의 주된 임무 중 하나다. 이런 정치철학의 테이블 위에 부동산을 올려놓고 논의를 전개해보자.

하지만 본격적 논의 전개 전에 부동산이 무엇인지부터 정의해야 하겠다. 우리가 알고 있듯이 부동산은 토지와 건물의 합이다. 토지는 사람이 만든 인공물이 아니라 천연물이다. 그러므로 그 양을 전혀 늘릴 수 없는 재화이다. 하지만 건물은 사람의 노력으로 생산된 인공물이고, 그 양을 늘릴 수 있다. 그뿐 아니라 토지는 시간이 지나감에 따라 가치가 증가하지만, 건물은 가치가 하락하는 특징을 가지고 있다. 그리고 토지의 가치는 위치가 결정적이지만, (토지를 떼어놓은) 건물의 가치는 투입된 노동과 재료에 따라 결정된다. 요컨대 부동산을 이루는 두 요소인 토지와 건물은 근원적으로 다른 차원의 것이라는 이야기다. 그러므로 부동산 정의론에서는 토지와 건물을 구분해서 논하도록 한다.

그리고 부동산의 분배 정의론에서 이념과 관계없이 광범위한 동의를 얻기 위해 진보적인 자유평등주의자로 알려진 존 롤스John

Rawls(1922~2002년)와, 그의 반대편에서 사유재산권의 신성함을 강조하는 자유지상주의자로 알려진 로버트 노직Robert Nozick(1938~2002년)의 정의론 둘 모두의 논리를 끌어들여서 이야기해보고자 한다. 서로 반대 방향에 있는 두 입장에서 출발해 같은 결론이 나온다면 부동산 정의론의 정의로움이 더 분명해질 것이다.

토지에 대한 정의론

롤스의 정의론은 '공정으로서의 정의justice as fairness'라고 할 만큼 공정성이 핵심이라 할 수 있다. 그는 정의가 발견의 대상도, 그렇다고 종교적 신념도 아니며 '사회적 합의의 대상'이라고 주장한다. 이런 관점에서 보면 가장 중요한 것은 절차적 합리성, 즉 공정성이 될 수밖에 없다. 공정성을 어떻게 정의하느냐에 따라서 합의의 내용이 달라지기 때문이다.

주지하다시피 롤스는 공정성의 핵심이 운의 중립화neutralizing fortune에 있다고 이야기했다. 그의 공정성은 하늘에서 내려준 '만나manna(구약성경에서 하나님이 내려주었다는 양식)'와 같은 자연적·사회적 우연성을 어떻게 배제시키느냐에 초점이 맞춰져 있다. 왕조 시대에 왕·귀족의 자손과 농민·노예의 자손은 완전히 다른 삶을 살았다. 멀리 갈 것도 없이 지금도 부유한 집에서 태어난 사람과 가난한 집에서 태어난 사람 사이의 차이는 현격하다. 자신이 어느 집에서 태어나는지는 스스로 선택할 수 없는 완전한 우연이다. 그러나 이 우연이 노력으로 어떻게 할 수 없는 엄청난 차이를 만들어낸다.

사람의 재능이나 능력도 마찬가지다. 사람들의 능력은 개인의 순수한 노력의 산물이 아니라 타고난 것에 가장 큰 영향을 받는다. 사실 노력조차도 타고난 재능에 속한다. 그리고 가지고 있는 재능과 능력이 자신이 속한 사회에서 요구하는 것인지도 중요하다. 어떤 사람이 프로그래밍에 뛰어난 재능을 가지고 있더라도, 그가 조선시대에 태어났다면 빛을 보지 못했을 것이다.

이러한 자연적·사회적 우연성 때문에 사람들은 시작부터 완전히 다른 삶을 살아간다. 그런데 이 사람들이 한 사회의 정의의 원칙을 합의하기 위해 한 테이블에 앉는다고 하자. 모두가 동의하는 원칙이 나올 수 있을까? 서로 자신에게 유리한 원칙을 주장할 것이기 때문에 불가능하다는 것이다. 이렇게 타고난 운(우연성)을 제거하지 않으면 모두에게 공정한 정의의 원칙을 세울 수가 없다.

그래서 롤스는 '무지의 베일veil of ignorance'이라는 독특한 사고실험을 도입한다. 여기서 재밌는 것은 이 베일의 특징이다. 이 베일 뒤에 있는 사람은 자기 자신의 신체적 특성, 부모의 지위, 재산의 정도, 지능, 자신의 합리적 인생 계획의 목록을 알지 못하며, 심지어 모험을 싫어한다든가 비관적 또는 낙관적인가 하는 심리적 특성에 대해서도 전혀 모르지만, 정치현상이나 경제이론의 원칙들을 이해하며 사회조직의 기초와 인간심리의 법칙들을 계산할 수 있다고 가정한다. 이렇게 롤스는 무지의 베일 뒤의 개인을 '원초적 입장original position에 있는 개인'이라고 정의하고, 그 상태에서의 사회계약을 통해 정의의 원칙을 도출한다. 자신이 가난할지 부유할지, 남자일지 여자일지, 젊을지 늙을지도 모르는 상황에서 정의의 원칙을 정한다면, 자신이 어떤 상황에 있더라도 불리하지 않을 공정한 원칙을 택하게 될 것이라는 발상이다.

그럼 이렇게 무지의 베일 뒤에 있는 개인들은 어떤 정의의 원칙에 합의할까? 롤스는 제1원칙으로 '평등한 자유의 원칙'을, 제2원칙으로 '차등의 원칙'에 합의할 것이라고 주장한다. 평등한 자유의 원칙이란 모든 사람에게 기본적으로 평등한 자유를 부여한다는 것이다. 여기엔 정치적 자유나 사상과 양심의 자유, 사유재산권 등이 포함된다. 그다음으로 제2원칙인 차등의 원칙은 사회적 불평등이 정당화되기 위한 두 가지 조건을 명시한다. 첫째는 공정한 기회 균등으로 모든 이에게 어떤 직책 또는 지위를 얻을 수 있는 기회가 보장되어야 한다는 것이며, 둘째는 최소 수혜자 우대의 원칙으로 이런 경쟁의 결과에서 발생하는 경제적 불평등은 사회에서 가장 취약한 사람에게 최대 이득이 될 때에만 허용해야 한다는 것이다.

토지 문제에 이러한 정의의 원칙을 적용하면 어떻게 될까? 롤스는 모든 사람에게 "기본적인 권리와 의무의 할당에 있어서 평등을 요구" 하기 위하여 제1원칙을 제시했는데(롤스 2003, 49쪽), 토지는 누구도 생산하지 않았고, 토지가 없으면 경제활동뿐만 아니라 생존이 불가능하므로 토지에 대한 권리는 롤스 입장에서 "기본적인 권리"일 수밖에 없다.

더구나 제1원칙에 포함된 사유재산권을 곰곰이 생각해보면 토지는 기본권에 속한다는 것이 더욱 분명해진다. 모든 사람에게 주어지는 기본권인 사유재산권을 보장하기 위해서는 토지에 대한 평등한 권리가 전제되어야 한다. 사유재산의 대상은 본인의 생산물이다. 생산활동은 언제나 어디서나 토지 위에서 진행된다. 토지가 없으면 생산 자체가 불가능하고, 사유재산권도 보장되지 않는다. 그러므로 토지에 대한 권리는 기본권에 속하고 그 기본권을 누구나 누려야 된다는 자연스러운 결론에 도달하게 된다.

그렇다면 롤스의 계약론에서 토지에 대한 평등한 기본권을 어떻게 모든 이에게 보장할 수 있을까? 즉 자기의 능력과 소속과 출신도 모르지만 합리적으로 계산할 수 있는 능력을 갖춘 사회계약 당사자들은 무엇에 동의할까? 세 가지 선택지가 있다. 하나는 계약 당사자들 전체가 토지를 공동으로 사용하는 것, 또 하나는 토지를 계약 당사자들 전체에게 균등 배분하는 것, 마지막으로는 토지의 가치인 지대land rent를 환수하는 것인데, '상호 무관심한 합리성mutually disinterested rationality'이라는 특징을 가진 사회계약 당사자들은 그중 세번째 방식을 선택할 것이다. 왜 그런지 하나하나 살펴보자.

우선 공동사용 방식은 계약 합의 당사자들이 선택하지 않을 가능성이 매우 높다. 공동사용에서는 생산의 결과를 분배하기가 매우 까다롭고 복잡하기 때문이다. 그들은 불가피하지 않으면 토지를 개별 사용하려 할 것이다. 두번째의 균등분배 방식은 토지가치인 지대를 기준으로 균등하게 분배해서(땅의 위치에 따라 지대 혹은 생산성이 달라지므로, 지대가 높은 땅은 좁은 면적을 분배받고, 지대가 낮은 땅은 그보다

넓은 면적을 분배받아 결과적으로 균등하게 분배한다) 개별 사용하는 것으로 정의할 수 있다.

하지만 이 방식에도 합의 당사자들이 꺼릴 수밖에 없는 두 가지 문제가 있다. 무엇보다도 이 방식은 인구증가를 반영하기가 매우 어렵다. 인구증가를 반영하려면 새로 태어난 이들을 위해 정기적으로 재분배를 해야 하는데, 현실적으로 힘들기도 하거니와 이렇게 하면 사용하던 토지를 나누게 되는 일이 생길 수 있다. 또 다른 문제는 인구 변수를 고려하지 않는다고 하더라도 사회변화를 반영하기가 매우 어렵다. 예를 들어 어떤 지역은 인구증가로 인하여 농지가 택지로 바뀌어 가치가 급등할 수 있고, 어떤 지역은 정반대로 인구가 줄어들어 토지가치가 떨어질 수 있는데, 이런 것을 다 고려하려면 너무나 많은 복잡한 문제가 생긴다. 따라서 균등분배 방식도 계약 당사자들이 선호하기는 어려울 것으로 보인다.

그래서 최종적으로는 지대 환수 방식을 택하는 것이 합리적인 선택이 된다. 원론적으로 보면 경쟁적 시장에서는 같은 자본과 같은 노동을 투입하면 같은 이익이 발생한다. 그런데도 차이가 난다면 그것은 토지의 차이 때문이다. 똑같은 면적과 자재를 써서 지어도 서울 강남의 아파트와 지방도시의 아파트 사이에는 엄청난 차이가 난다. 똑같은 가격의 맛집이어도 목이 어디냐에 따라 매출에도 큰 차이가 난다. 똑같은 노동(기술)과 자본을 투입했을 때 발생하는 산출액의 차이는 결국 토지의 차이로 봐야 한다. 이런 차이가 지대로 나타나 토지 소유자에게로 가게 된다. 그런데 지대를 환수하면 어떻게 될까? 그렇게 하면 어느 토지를 사용한다고 해도 기술력과 투입한 비용이 동일하다면 동일한 이익을 얻게 된다. 이런 이유로 합리적인 사회계약 당사자들은 지대 환수를 선택하리라는 것이다.[20]

이번엔 노직의 분배 정의론에 토지를 넣으면 어떤 결과가 도출될까? 노직 역시도 계약론자이다. 노직은 재치 있고 탁월한 논증을 통해 무정부 상태도 아니고, 개인의 자유를 침해할 우려가 있는 복지국가도 아닌, 개인의 자유를 최대한 보장할 수 있는 최소국가가 최선이라는 결론을 그의 책 『아나키에서 유토피아로Anarchy, state, and utopia』에서 제시한다. 최소국가가 보호해야 하는 자유의 영역은 당연히 소유의 자유이다. 노직은 계약 상황에 있는 개인들이 다음과 같은 3원칙에 합의할 것이라고 주장한다. 최초 취득 과정에서 다른 사람에게 해를 주지 않았다면 그 소유는 정당하다는 '취득의 원칙the principle of justice in acquisition', 그렇게 취득한 소유물을 자발적으로 교환했다면 역시 소유는 정당하다는 '이전의 원칙the principle of justice in transfer', 그리고 만약 이 둘을 위배했을 시에는 교정하면 된다는 '교정의 원칙the principle of rectification'이 그것이다.

노직이 말한 정의의 3원칙에서 가장 중요한 것, 특히 토지와 관련해서 중요한 것은 무엇일까? 취득의 원칙이다. 사람이 생산한 것이 아닌 토지를 취득하는 과정에서 다른 사람에게 손해를 끼쳤다면 교정의 원칙을 적용해야 할 대상이 되기 때문이다. 그래서 노직은 자신의 사상적 계보의 꼭대기에 있는 존 로크John Locke(1632~1704)의 소유권 이론을 검토한다.

17세기 말 영국에서 활동한 로크는 개인의 소유권 이론을 정당화한 학자다. 자기 자신은 자기의 것이고 자신이 노력해서 생산한 것 역시 자기 것이라는 거부할 수 없는 논리로 로크는 사유재산권의 신성함을 강조했다. 그리고 이런 간명한 논리는 사유재산권을 정당화하는 모든 근대 철학자의 사상적 기초가 되었다. 그런 로크도 토지의 취득에 대해서만은 신중하게 접근한다. 왜냐면 토지는 일반 물자와 전혀 다른 특성, 즉 양을 늘릴 수 없다는 부증성不增性과 생활에 꼭 필요하다는 필수성 등을 지니고 있기 때문이다. 그래서 그는 토지에 대한 취득이 정당하려면 한 가지 조건을 충족시켜야 한다고 하는, 이른바 '충분단서sufficiency proviso'을 제시한다. 이는 노동의 산물이 아닌 토지를 자신의 소유물로 하려면 "다른 사람에게도 충분히 좋은 것이 남아 있어야 한다at least where there is enough, and as good left in common for others"는 주장이다.

　하지만 노직은 로크의 충분단서를 엄격하게 적용하면 재산권 자체가 성립할 수 없다고 보고 그 조건을 수정한다. 그가 수정한 충분단서의 내용은 "타인의 상황이 악화되지 않을 것을 확실히 하기 위한 것"(노직 1997, 222쪽)인데, 그는 "한 사람의 사유화는 다른 경우라면 그 단서를 위반할 것이나, 그가 발생하는 손해에 대해 다른 사람들에게 보상함으로써 그 다른 사람들의 상황이 악화되지 않는다면 그는 사유화할 수 있다"고 주장했다. 그리고 "그가 이 다른 사람들에게 보상해주지 않는다면, 그의 사유화는 취득에서의 정의의 원리라는 단서를 위반할 것이요, 비합법적인 것이 될 것"이라는 점도 덧붙였다.(노직 1997, 226쪽) 그렇다면 토지를 취득할 때 다른 사람의 상황이 악화되는 것을 어떻게 막을 수 있을까? 토지는 한 사람이 차지하면 다른 사람들은 배제되는데 말이다.

노직의 논리에서 중요한 것은, '자연의 하사품인 토지를 소유하는 경우에 다른 사람의 삶을 악화시키지 않는 가장 좋은 방법이 무엇인가'에 있다. 명시적으로 언급하지 않았지만 노직은 가장 좋은 방법을 지금의 토지사유제로 간주하는 것으로 보인다. 그는 최초 취득을 논하면서 "생산수단을 가장 효과적으로(유익하게) 사용할 수 있는 사람의 손에 쥐어 줌으로써, 사회 내의 생산물을 증대시킨다"(노직 1997, 224쪽)고 했는데, 이를 보면 노직은 토지를 사유화해야 토지가 가장 효율적으로 이용되고 그럼으로써 토지 소유에서 배제된 사람들의 상황도 개선된다고 생각하는 듯하다.

그런데 이를 자세히 들여다보면 노직의 소유권 개념에 더 적합한 것은 토지가치인 지대를 환수하는 방식이라는 걸 알 수 있다. 주지하듯이 토지를 최초 취득한 사람과 토지를 소유하지 못한 사람 간에는 같은 노력을 투입해도 소득에서 분명한 차이가 날 수밖에 없다. 토지가 없는 사람은 결국 토지소유자에게 임대료인 지대를 지불하기 때문이다. 그뿐 아니라 토지를 취득한 사람 간에도 차이가 난다. 모든 토지의 생산성은 위치에 따라 다르기 때문이다. 강남의 토지와 강북의 토지가 다른 것처럼 말이다. 다시 말해 토지를 소유했다 하더라도 한 사람은 좋은 토지를, 다른 사람은 나쁜 토지를 소유할 수밖에 없는데, 이렇게 되면 같은 노력을 해도 결과에 차이가 생긴다. 그런데 토지 생산성의 차이를 의미하는 지대를 환수하여 공유하면 토지를 취득한 사람과 소유하지 못한 사람 간의 차이, 좋은 토지를 소유한 사람과 나쁜 토지를 소유한 사람 간의 차이는 사라진다. 그럼에도 발생하는 차이는 개인의 노력 차이라고 할 수 있으므로 이것은 문제가 되지 않는다.

이에 대해서 토지 소유의 유무와 소유한 토지 종류에 따라 차이가 발생한다 해도, 지대를 사유화해야 그나마 토지가 없거나 나쁜 토지를 가진 사람의 삶이 좋아진다는 반론을 제기할 수 있다. 즉 토지가치를 환수하는 것보다 개인이 소유하는 것이 토지의 효율적 이용을 촉진하여 상대적으로 나쁜 조건에 있는 사람들의 상태를 더 호전시킬 수 있다는 주장이다.

그러나 우리가 경험했듯이 지대를 사유화하게 되면 토지 투기가 일어나고 토지라는 한정된 자원이 비효율적으로 사용될 가능성이 커진다. 우리는 대도시의 노른자위 땅이 공터로 남겨져 있는, 즉 비효율적으로 이용되는 것을 자주 본다. 대표적인 예로 여의도 성모병원 옆의 5000평 규모의 금싸라기 땅이 40년 이상 놀고 있고, 경복궁 옆 대한항공 소유의 땅도 20년 이상 방치되고 있다. 땅 보유에 대한 부담이 크지 않기 때문에 만족할 만큼의 수익이 보장되지 않으면 아예 이용을 안 하는 것이다.

그런데 만약 놀고 있는 노른자위 땅의 지대를 환수하면 어떻게 될까? 토지소유주들은 가능한 한 최선의 이용법을 고민할 수밖에 없다. 마땅한 방법이 없다면 소유를 포기하고 그 땅을 필요로 하는 다른 이에게 넘기게 된다. 그러므로 지금의 토지사유제가 자원의 효율적 배분을 중시하는 시장경제에 조응한다는 것은 잘못된 인식이다. 지대 환수가 노직의 소유 정의론에 더 잘 부합한다. 더구나 토지가치인 지대는 소유자가 아닌 사회가 만들었다는 것이 명백하기에 노직이 지대 환수에 찬성할 이유는 더욱 분명하다고 하겠다.[21]

건물에 대한 정의론

그렇다면 인간이 만든 건물에 대한 소유권은 어떻게 하는 것이 좋을까? 마찬가지로 롤스와 노직의 소유권 이론을 통해서 살펴보도록 하자.

롤스는 개인의 재능을 '공동자산common assets'이라고 주장한다. 왜냐면 재능은 개인의 순수한 노력의 결과가 아니라 도덕적으로 임의적인 요인, 즉 운에 좌우된다고 보기 때문이다. 타고난 재능을 가진 것, 자신이 가진 재능을 높이 평가하는 시대에 태어난 것 등은 노력이 아니라 운에 따른 결과라는 이야기다. 롤스의 이런 논리에 따르면 개인이 스스로 일군 부富라고 할지라도 온전히 혼자서 누려서는 안 된다. 이 부에는 운이 개입돼 있기 때문이다. 운에 의해 발생하는 재산과 소득의 차이를 중립화하는 방법이 필요한데, 현실에서는 세금이 대표적 수단이다. 건물에서 발생하는 소득에 대해서도 누진세를 통해 재분배해야 한다는 주장은 롤스의 관점에서 볼 때 문제가 없다.(비례세보다 누진세가 운을 중립화하는 더 좋은 방법이기 때문에 누진세를 택한다.)

건물에서 발생하는 이익에 대한 재분배의 근거는 롤스의 재산소유민주주의property-owning democracy를 통해서도 합리화될 수 있다. 통상적으로 롤스가 복지국가를 옹호하기 위한 정치철학을 전개한 것으로 알려져 있지만, 그건 사실이 아니다. 그는 복지국가 자본주의의 대안으로 재산소유민주주의를 제시한다. 마지막 단계에서의 재분배에만 신경을 쓰고 시작 시점에서 부와 자본이 소수에게 독점된 상태를 당연하게 여기는 복지국가 자본주의는 자신이 말한 정의의 원칙에 부합하지 않다는 것이다.* 그는 기본적으로 생산적 자산과 인간 자본의 고른 분산을 통한 사전적 분배를 강조하는데, 이런 관점에서 보면 일부가 건물을 독점하고 있는 것은 바람직하지 않다.

그러나 건물이 재분배의 대상이 된다고 하더라도 '사유재산권'이 기본적으로 전제된 상태에서의 재분배임을 분명히 할 필요가 있다. 롤스의 정의론은 제1원칙인 평등한 자유의 원칙이 우선하는데, 여기에는 사유재산권이 포함되어 있다. 이에 따르면, 건물에서 발생하는 소득에 대해서는 누진세를 통해 재분배하더라도 건물 자체에 대해서는 사적 소유권을 인정해야 한다는 결론에 자연스럽게 도달하게 된다.

그리고 롤스의 정의론에 주거권을 대입하면 사회계약 당사자들

● 재산소유민주주의는 개정판 『정의론』(1999년)에 한 번밖에 등장하지 않지만, 롤스 사망 직전에 출간한 『공정으로서의 정의: 재서술』(2001년)에서 본격적으로 다루고 있다. 롤스는 재산소유민주주의가 자신이 확립한 정의의 원칙에 부합하는 체제임을 여러 차례 강조한다. 이를 보면 롤스 정의론은 통상적으로 이해되는 것보다 훨씬 높은 수준의 민주주의와 사회적 평등을 요구하는 것임이 명백하다.

은 주거권 보장에 동의할 것이라고 생각한다. 롤스의 정의의 제2원칙인 공정한 기회 균등의 원칙이 제대로 확립되려면 주거 안정이 필수다. 그러니 정부가 스스로 주거 안정을 누릴 수 없는 사람에게 주거권을 보장하는 것이 정의의 원칙에 포함될 수 있다는 것이다.

다음으로 노직의 정의론에다 건물 문제를 대입해보도록 하자. 앞에서 다뤘듯이 노직은 취득할 때 타인에게 손해를 끼치지 않았거나 양도할 때 부당한 압력이 없었다면 사적 소유권을 인정해야 한다고 주장한다. 이에 따르면, 개인 노력의 산물인 건물과 거기에서 나오는 소득은 모두 개인의 것이라는 자연스러운 결론에 이르게 된다. 건물을 생산할 때 타인에게 해를 준 것이 아니기 때문이다. 여기까지 보면 노직의 논리로는 건물에서 발생하는 소득이 재분배의 대상이 되어야 한다는 근거를 찾기 불가능한 것처럼 보인다. 만약 최소국가를 운영하는 데 재정이 필요하면 건물에 대한 세금을 누진세가 아니라 비례세로 하자고 할 것이다.

하지만 시장경쟁에서 노직이 중요하다고 판단하는 '취득 과정'을 들여다보면 결국 그도 롤스처럼 누진적으로 재분배하자는 데 동의하게 되리라는 것을 알 수 있다. 결론부터 말하자면 시장경쟁 과정에서 타인의 권리를 침해하지 않는 '취득의 원칙'은 애초부터 불가능하고, 그렇기 때문에 항상 '교정의 원칙'이 따라붙어야만 한다.[22] 취득의 원칙이 제대로 적용되려면 '완전경쟁'이라야 하고, 이렇게 되려면 경쟁자들이 모두 똑같은 노동능력과 자본을 가져야만 한다. 그래야 경쟁에 참여하는 누구도 경쟁의 과정과 결과에 영향을 미치지 못하기 때문이다. 그러나 이러한 경쟁은 현실에서 불가능하며, 대부분의 경쟁 참여자가 경쟁의 과정이나 결과에 영향을 미친다. 현실에 존재하는 경쟁은 이렇듯 불완전 경쟁이므로, 이를 통해서 취득한 소득은 교정의 원리에 회부될 수밖에 없다.

더 나아가 설사 완전경쟁의 조건에서 출발했더라도 취득의 원칙은 다음 단계의 경쟁에서 훼손될 수밖에 없다. 왜냐면 경쟁은 한 번으로 끝나지 않고 반복적으로 이루어지기 때문이다. 처음엔 모두가 똑같은 노동능력과 자본을 가지고 경쟁에 참여했다고 가정해보자. 여기까지는 교정의 원칙이 불필요하다. 취득시에 타인에게 해를 주지 않았기 때문이다. 그러나 첫번째 경쟁에서 승자는 더 많은 몫을 차지하게 되는데, 문제는 그 승자가 다음번의 경쟁에서 이미 다른 경쟁자보다 더 많은 노동능력과 자본과 가지고 경쟁에 참여하게 된다는 점이다. 다른 조건이 똑같다면 자본을 더 많이 가진 사람이 더 나은 경쟁력을 갖게 되고, 이것은 경쟁의 결과에 영향을 미친다. 이런 흐름은 경쟁을 반복하면 할수록 더욱 강화된다. 다시 말해서 취득의 원칙이 지켜지지 않게 된다는 것이다. 이렇게 하여 우리는 시장경쟁을 통해서 얻는 소득은 재분배되어야 정의의 원칙이 유지된다는 걸 알 수 있다.

그러므로 건물에서 발생하는 소득이 크다는 것은 더 많은 노동능력과 자본을 가졌다는 것을 의미하기에, 그 소득 역시 재분배의 대상, 즉 누진세의 대상이 되어야 한다.

그러면 노직의 정의론 테이블 위에 주거복지 강화, 즉 모든 사람의 주거권 보장이라는 안건을 올려놓으면 어떤 결과가 도출될까? 노직이 사유재산권을 신성시하긴 하지만, '제대로 된 시장경쟁'의 전제조건이 최소한의 주거권이라는 걸 고려하면 이에 대해서도 찬성할 것이다.

사실 건물에 대한 롤스와 노직의 정의론은 건물만의 정의론이라기보다는 토지를 제외한 일반재화에 관한 정의론이다. 그럼에도 '건물의 정의론'을 따로 다룬 이유는 부동산이 토지와 건물의 합이기 때문이다. 토지와 건물의 구분 없이 '부동산' 전체를 다룰 것이 아니라 토지와 건물을 분리해서 정의론을 세워야 한다는 점을 강조하기 위함이다.

토지가치는 환수, 건물에서 나오는 소득은 재분배

이제까지의 부동산 정의론을 요약하면 다음과 같다.

첫째, 부동산은 토지와 건물의 합이다. 토지는 천연물이고 건물은 인공물이므로 이 둘을 같은 선상에 놓고 분배 정의론을 논할 수 없고 반드시 분리해서 논해야 한다.

둘째, 재분배를 주장하는 롤스와 재산권의 신성함을 주장하는 노직의 논리 둘 모두에서 토지가치를 환수해야 한다는 결론에 도달할 수 있다. 이는 지대 환수는 이념에 상관없이 동의 가능하다는 것을 뜻한다.

셋째, 건물에서 나오는 소득 역시 롤스와 노직 둘 모두에게서 재분배의 대상이라는 것이 정당화된다. 롤스는 인간의 능력을 공적 자산으로 간주한다는 것과, 노동능력과 자본을 골고루 소유해야 한다는 재산소유민주주의의 관점에서 이 같은 결론을 도출할 수 있고, 노직은 진정한 시장경쟁의 원리를 통해서 같은 결론에 도달한다. 하지만 두 사람 모두 건물에 대해서는 사유재산이 기본 전제가 된다.

넷째, 주거권 실현은 롤스와 노직 모두 동의가 가능하다. 롤스는 정의의 제2원칙인 공정한 기회 균등의 관점에서, 노직은 경쟁적인 시장경제의 관점에서 충분히 동의 가능하다.

이를 통해서 우리는 대한민국을 괴롭혔던 불로소득 유발형 부동산체제가 정의론에서부터 문제가 있음을 확인할 수 있다. 작금의 부동산체제는 토지가치를 개인이 사유화하는 것을 당연시하고, 이로인해 각종 불평등과 비효율이 발생하고 있다. 불로소득 유발형 부동산체제의 근본적 문제는 바로 '부정의'에 있는 것이다.

결론적으로 부동산 정의론에 입각한 부동산체제의 방향은 다음과 같다. 먼저, 새로운 부동산체제에서 모두가 평등하게 토지에 대한 권리를 누려야 한다. 그것을 토지공개념이라고 불러도 좋고 평등한 토지권이라고 불러도 좋다. 핵심은 토지에서 발생하는 불로소득을 최대한 환수해야 한다는 것이다. 둘째는, 건물은 일반재화로서 사유재산권이 존중되면서 누진세의 대상이 될 수 있다는 점이다. 셋째는, 인간에게 가장 기본이 되는 권리인 주거권 실현을 위해 주거복지를 강화해야 한다는 점이다. 그래야 경쟁의 출발선에 누구나 설 수 있고 경쟁에서 패했다 하더라도 재출발이 가능하다. 주거권 확립은 이로써 역동적인 시장경쟁의 바탕이 된다.

그리하여 우리가 지향해야 할 새로운 부동산체제의 핵심 성격은 토지에서 발생하는 불로소득을 환수하는 것을 핵심으로 하는 '불로소득 환수형'이어야 한다는 결론에 도달하게 된다. 에둘러 갈 필요가 없다. 정의의 원리는 '불로소득 유발형'을 '불로소득 환수형'으로 전환하라고 요구하고 있다.

3부

새로운 부동산체제의
핵심 정책들

8

고위공직자 부동산 백지신탁제를 도입하자

부동산 정책의 신뢰 회복이 먼저다

이른바 'LH사태'가 일으킨 파장은 심대하다. LH사태는 대통령과 여당의 지지율을 급락시키는 데 멈추지 않고, 이어진 서울시장과 부산시장 재보선 결과에도 지대한 영향을 미쳤다.

분명 LH 직원들의 경기도 시흥·광명 신도시 예정지 투기 의혹은 공분의 대상이 되기 마땅하다. 정부를 대리해 토지의 수용과 개발을 책임진 LH 직원들이 보상을 노리고 투기한 것이니 말이다. 하지만 부동산 투기의 원흉이 LH라고, 그러니 투기에 가담한 LH 직원들을 가혹하게 응징하면, 더 나아가 LH를 해체하면 문제가 풀릴 듯이 몰아가는 건 사태의 본질을 완벽히 왜곡하는 것이다. 우리가 알다시피 시홍·광명 신도시 예정지만이 아니라 불로소득(매매차익)을 얻을 수 있다고 예상되는 다양한 유형의 부동산에는 온갖 종류의 투기세력들이 득실거린다.

LH사태가 우리에게 주는 교훈은 네 가지다. 첫째는 불로소득 유발형 부동산체제에서 온 국민이 부동산 투기 바이러스에 감염됐다는 것, 둘째는 LH 직원을 위시해 수많은 관련 공무원도 예외가 아니라는 것, 셋째는 문제를 개인화하고 마녀화해서는 절대 해결되지 않는다는 것, 넷째는 부동산 불로소득을 사유화할 가능성을 제도적으로 봉쇄하는 데 관심과 에너지를 집중해야 한다는 것, 즉 체제의 관점에서 문제를 파악하고 해결책을 찾아야 한다는 것이다.

불로소득 환수형 부동산체제의 형성 작업은 두 가지 트랙으로 진행되어야 한다. 하나는 사람을 대상으로 하는 제도 개혁과, 다른 하나는 부동산 불로소득의 차단·환수를 목적으로 하는 제도 개혁이 그것이다. 먼저 사람을 대상으로 하는 제도부터 살펴보도록 하자.

사람을 대상으로 하는 제도 개혁은 이미 이번 LH사태를 계기로 '투기·부패 방지 5법' 중 공공주택특별법, 한국토지주택공사법, 공직자윤리법, 이해충돌방지법이 마련되어 있기 때문에 충분하다고 말할지도 모르겠다.[23] 그러나 이 법률들은 미공개 정보를 부적절하게 사용한 공직자들에 대한 처벌, 부동산 관련 업무를 취급하는 공공기관 종사자와 공직유관단체 직원 등에 대한 재산등록의무 부과, 그리고 부동산 매수시 신고의무 부과 등을 주요 골자로 하고 있기 때문에 한계가 뚜렷하다고 하겠다.

예를 들어 부동산 불로소득에 가장 큰 영향을 미치는 부동산 세제를 입안하는 고위 공직자와 국회의원과 청와대 주요 인사들은 이 법의 대상자가 아니다. 또 시장과 군수와 지방의회 의원들이 직간접적으로 영향을 미치는 도로 건설과 토지용도 변경 등도 이 법안으로 커버하기 어렵다. 또한 부동산 관련 기관 공직자가 개발정보를 직접 이용하지 않아도 지인이나 친척 등에게 얼마든지 전해줄 수 있고, 고위 공직자들과 선출직 공무원들은 유무형의 네트워크와 다양한 방법을 통해 개발정보를 공유할 수 있다는 점을 우리는 너무나 잘 알고 있다. 그리고 무엇보다 고위 공직자와 선출직 공무원이 부동산 부자이고 각종 부동산 정책을 자신에게 유리하게 만들 수 있다는 것을 생각하면 이 제도들의 한계는 명확해 보인다. 이런 까닭에 부동산 정책에 대한 신뢰도를 획기적으로 높이고, 적어도 고위 공직자가 되려면 부동산 투기로 돈을 벌어서는 안 된다는 인식을 정착시키기 위해서 '고위공직자부동산백지신탁제'가 꼭 필요하다고 본다. 이 제도를 설명하기 전에 먼저 고위 공직자들의 부동산 보유 실태부터 살펴보도록 하자.

고위 공직자들의 충격적인 부동산 보유 실태

대한민국 시민들이 정부의 부동산 정책에 가지는 신뢰도는 매우 낮다. 그렇게 된 데는 여러 이유가 있겠지만, 고위 공직자들이 부동산을 통해 막대한 불로소득을 얻고 있다는 의구심이 큰 몫을 차지한다.

즉 고위 공직자들이 강남 등의 요지에 부동산을 취득해 엄청난 불로소득을 누리고 있기 때문에 이런 이해에 따라 부동산 정책이 수립·변경된다는 의심을 품고 있다는 것이다. 이 공직자들이 자기 집값 떨어뜨리는 정책이나 세금을 많이 내게 될 정책은 절대로 만들지 않으리라 생각하는 것이다. 고위 공직자의 재산이 공개되고 국회청문회가 열릴 때마다 거의 어김없이 부동산 투기 의혹이 불거지니 이런 의심이 드는 것도 당연해 보인다.

실증적 통계들도 고위 공직자들에 대한 시민들의 의심이 합리적임을 증명한다. 2021년 고위 공직자 398명이 신고한 재산등록을 바탕으로 주택 보유 현황을 분석한 결과, 이들이 주택을 가장 많이 보유한 지역은 강남 3구와 마포구·용산구·성동구으로 나타났다. 특히 가격이 급등한 강남 3구에서 123채를 보유해 서울 전체 보유분(228채)의 절반 이상을 차지하는 것으로 확인됐다. 반면 상대적으로 가격이 낮은 금천구·강북구·동대문구에 주택이 있는 고위 공직자는 한 명도 없었다.(매일경제, 2021. 4. 12)

또한 고위 공직자 중 상당수가 다주택자이기도 하다. 2020년 8월 경실련은 따르면 국토부·기재부·공정거래위원회·한국은행·금융위원회·금융감독원 산하기관 등 부동산과 금융세제 정책을 다루는 주요 부처 1급 이상 고위 공직자 107명의 부동산 보유 현황을 발표했는데, 이 중 39명(36.4%)이 다주택자였다.(21대 국회의원 다주택자 비율은 29.3%로 이보단 낮았다.) 이들이 가진 주택은 서울에 68채(46.3%), 강남 4구(강남구·서초구·송파구·강동구)에 42채(28.6%)로 서울 및 강남 지역에 몰려 있음을 알 수 있다. 고위 공직자들이 소유한 부동산의 평균 가격도 국민 평균을 크게 웃돌았다. 부동산 정책을 수립하는 업무와 관련된 고위 공직자 1인당 부동산 재산 평균은 12억 원으로 우리나라 가구당 부동산 재산 평균인 3억 원보다 무려 4배가 많았다.(한겨레, 2020. 8. 6)

일반 시민들은 고위 공직자나 선출직 공무원들이 자기가 가진 부동산 가격이 올라갈 수 있는 법과 제도를 만들어 불로소득을 누린다고 의심하는데, 그런 의심을 뒷받침하는 예는 심심치 않게 발견된다. 예를 들어 2014년 12월 부동산 불로소득 규모를 키우는 부동산 3법(민간주택 분양가상한제 폐지, 재건축 초과이익 환수 3년 유예, 재건축조합원 3개 주택 허용)이 통과되면서 강남의 재건축 단지를 중심으로 주택 가격이 폭등했는데, 이 폭등의 수혜자 중에는 입법에 찬성한 국회의원들이 상당수 있었다. '부동산 3법'에 모두 찬성표를 던진 의원들이 총 127명으로, 이 중 49명은 강남 3구에 아파트를 보유하고 있었다. 또 재건축을 추진중인 아파트를 갖고 있는 의원은 21명이나 되었고, 이들은 이 법의 통과로 어마어마한 불로소득을 누릴 수 있었다.(민중의소리, 2020. 7. 29)

국회만 그런 것이 아니다. 지방정부에서도 이런 예는 허다하다. 일례로 전남 광양의 현 시장은 2018년 지방선거 당시 후보였을 때 도로 건설을 공약했고, 당선된 후 도로건설을 본격적으로 추진하기 직전 그의 아내가 인근 땅을 대거 매입했다. 더구나 매입한 토지에 매실나무까지 심었는데, 이는 보상금을 최대한 받아내기 위해 흔히 사용하는 수법이다. 토지가 수용될 때 나무는 '이식 비용'을 추가로 지급하기 때문에 일반 땅보다는 보상금액이 더 많아진다.(경향신문, 2021. 4. 21)

사정이 이러하니 시민들이 부동산 정책을 담당하는 공직자들과 정부의 부동산 정책에 의구심을 품는 것이 오히려 당연해 보인다. 이런 상황에서는 아무리 좋은 부동산 정책을 내놓아도, 시민들이 호응하지 않기 때문에 효과를 발휘하지 못한다. 바로 이 때문에 고위 공직자부동산백지신탁제가 필요하다. 제도가 신뢰를 얻기 위해서는 먼저 그 제도를 만드는 사람을 신뢰할 수 있어야 한다.

고위공직자부동산백지신탁제의 골간

그러면 고위공직자부동산백지신탁제에는 어떤 내용이 포함되어야 할까? 이 제도의 대상에는 공직자윤리법상 재산공개 대상자인 국무위원, 국회의원, 지자체장, 지방의원, 1급 공무원, 교육감과 국토교통부 소속 공무원 중 대통령령으로 정하는 사람이 들어가고 여기에 더해 이들의 배우자 및 자녀가 포함되어야 한다. 부동산과 관련된 부처가 아니라 모든 부처의 1급 공무원과 선출직 공무원이 대상이 되어야 하는 이유는 따지고 보면 부동산 가격에 영향을 주는 정책을 입안하는 것은 특정 부처만이 아니기 때문이다. 고위 공직자들과 선출직 공무원들이 개발계획 수립과 발표에 직간접적으로 연결이 되어 있다는 것은 모두가 아는 사실이다.

개마고원의
스테디셀러들

도서출판 **개마고원**은
의미 있는 소수의견에 주목하는 출판,
사회 이슈를 최대한 대중의 언어로 전달하는 출판,
'지금 여기'에 뿌리를 둔 현장 사회과학 출판을 지향한다.

ISDS, 넌 누구냐

노주희·이종태 지음 | 296쪽

어떤 개인이나 기업이 외국에 투자했는데 그 나라의 부당한 정책으로 손해를 봤을 때 배상을 요청할 수 있는 제도 ISDS. 그런데 현실에서 정작 ISDS는 글로벌 투기세력의 이익 창출 수단으로 기능하고, 한 국가의 주권을 침해하기까지 한다. 최근 론스타와 엘리엇이 한국 정부를 대상으로 제기한 수조 원대의 ISDS는 이 문제를 여실히 보여 준다. ISDS의 정체는 도대체 무엇인가? 정말 필요한가? 다른 대안은 없는가? 이 책은 ISDS를 철저히 해부하며 그 답을 찾는다.

기본소득은 틀렸다

김종철 지음 | 168쪽

우리에게 닥친 많은 문제를 해결할 만능열쇠로 기대받고 있는 기본소득. 하지만 이 책은 기본소득이 양극화를 해소하고 어려운 처지에 빠진 이들의 삶을 돕는 데 전혀 도움이 되지 않으며, 선동적 정치가들에게만 이득이 될 것이라고 주장한다. 왜 그런지, 그리고 진정한 나눔·연대·정의를 위한 방향으로 제시되는 '기본자산제'는 무엇인지, 그것의 구체적 실천 방안은 어떠한지를 다룬 도전적 시론.

개헌전쟁

김욱 지음 | 352쪽

어떤 정치인도 명시적으로는 이른바 '87년 체제'를 낳은 현 헌법의 개정을 반대한다고 하지 않지만, 모든 정치인들의 개헌에 대한 입장은 집권 가능성에 따라 확연히 구분된다. 복잡한 이해관계의 교차 속에 어지러운 "개헌 전쟁의 현상 너머 본질"을 볼 수 있게 하려는 것이 이 책의 집필의도이다. "헌법 얘기가 곧 우리들 삶의 얘기고, '개헌 전쟁'이 곧 우리의 민주적 삶을 위한 전쟁"이기 때문이다.

주적은 불평등이다

이정전 지음 | 280쪽

이 책은 불평등을 우리나라의 '주적'으로 지목하며, 불평등이 우리 사회의 여러 사회악을 일으키고 악화시키는 온상이라는 것을 보여준다. 우리가 맞닥뜨린 위기의 주범인 불평등을 해결하지 않는다면 이 사회가 머잖아 존망의 기로에 서리라는 경고다. 저자는 불평등 해결의 길은 정치에 있으며, 이에 정치권이 앞장서도록 국민들이 강제해야 한다고 주문한다.

마강래 교수의 지방문제 3부작

베이비부머가 떠나야 모두가 산다
—청년과 지방을 살리는 '귀향 프로젝트'
• 252쪽

고령화·저출산·지방소멸·세대갈등… 우리 앞에 닥친 숱한 문제를 베이비부머의 귀향으로 풀자. 이 책은 은퇴 뒤 대도시에 남아 있기 십상인 베이비부머들을 대거 귀향(귀촌) 인구로 흡수해야 한다고 역설한다. 베이비부머의 귀향이야말로 대도시의 인구 과밀을 완화함으로써 '지방살리기'에 기여할 뿐만 아니라, 일자리의 공간 분리를 이룸으로써 청년의 미래를 여는 데도 필수적인 정책이라는 것!

지방분권이 지방을 망친다
—지방분권의 함정, 균형발전의 역설
• 248쪽

선후가 뒤바뀐 지방분권에 대한 경고. 시대적 대세로 굳어지고 있는 지방분권이 오히려 지방을 해칠 수 있는 위험한 정책이라면? 지방을 살리고, 균형발전을 이룰 진짜 방법은 무엇이어야 하는가. 균형발전은커녕 지역 간 격차 심화로 파산하는 지자체가 나오기 전에, "권한을 받을 공간단위를 먼저 조정한 후 분권이 진행되어야 한다"는 주장이다.

지방도시 살생부
—'압축도시'만이 살길이다
• 248쪽

지방도시 문제에 대한 새로운 접근 방식을 제시한 화제작. 인구 유출과 일자리 축소로 점점 쇠락해가는 지방 중소도시를 모두 살리려다가는 우리 모두 공멸의 늪에 빠질 것이다! 답은 전국토 단위로나, 각 중소도시 단위에서나 '분산과 팽창'이 아니라 '집중과 압축'에 있다. 저자는 흩어져 있는 인구를 모으고 공공시설과 서비스를 집중하는 '압축도시'를 새로운 지방도시 재생모델로 제시한다.

• **지위경쟁사회** — 왜 우리는 최선을 다해 불행해지는가? | 304쪽

가려 뽑은 외서들

환경을 해치는 25가지 미신
· 세종도서 교양부문(2020)

대니얼 B. 보트킨 지음 | 박경선 옮김 | 464쪽

전세계적인 관심사인 기후위기. 그러나 이 책의 저자는, 지금의 기후위기론이 기대고 있는 사실과 예측들에 의문을 제기한다. 특히 그 가운데 25가지를 적시하며 사실상 미신에 다름 아니라고 정면으로 비판한다. 모호한 가설과 예측 모델에 매달리게 만든 나머지, 정작 중요하고도 시급한 환경문제의 해결을 지체시키고 외면하게 한다는 문제의식에서다.

리씽킹 이코노믹스
· 세종도서 학술부문(2019)

엥겔베르크 스톡하머 외 지음 | 한성안 옮김 | 288쪽

글로벌 금융위기 이후 2012년 발족된 리씽킹 이코노믹스가 추구하는 '다원주의 경제학' 입문서. 현재의 주류 경제학인 신고전주의경제학과 다른 방향에서 출발하는 9개 경제학 학파, 즉 포스트케인스경제학, 마르크스경제학, 오스트리아경제학, 제도경제학, 페미니즘경제학, 행동경제학, 복잡계경제학, 협동조합경제학, 생태경제학을 소개한다. 해당 분야의 저명한 학자와 전문가들이 집필과 감수를 맡았다.

나치시대의 일상사

데틀레프 포이케르트 지음 | 김학이 옮김 | 440쪽

나치 체제를 '아래로부터' 경험했던 '작은 사람들'이 꾸려갔던 일상의 촘촘한 그물을 통해 나치라는 야만적 체제가 왜, 어떻게 가능했는지를 분석했다. 저자는 "아우슈비츠행 열차를 마지막 순간까지 정확하게 출발하도록 만들었던, 체제에 대한 독일인들의 적극적 동의 혹은 수동적 참여가 인민의 어떤 욕구와 행위에 뿌리박고 있었는가"를 파헤치면서 그 원인을 "정상성에 대한 '작은 사람들'의 희구"에서 찾는다.

전쟁유전자

말콤 포츠·토머스 헤이든 지음 | 박경선 옮김 | 544쪽

이 책은 전쟁의 원인을 인간 남성에게 있는 생물학적 본성의 측면에서 설명한다. 우리 조상들은 전쟁에서의 승리를 통해 이득을 얻었기에 오늘날의 우리에게도 전쟁에 대한 본능이 남아 있다. 저자들이 제시하는 안전과 평화를 위한 방법은 간단하다. 가족계획을 통해 인구 증가를 억제하고, 정치사회적 권력을 여성들에게 더 많이 부여하는 것이다. 한마디로 '피임약은 칼보다 강하다'는 것이다.

막다른 길

H. 스튜어트 휴즈 지음 | 김병익 옮김 | 368쪽

프랑스의 지성이 겪은 1930년대부터 1960년대까지의 한 세대를 아우르는 '절망의 시대'는 우리에게 어떤 의미가 있을까. 저자는 당시 프랑스 지성사회의 분위기를 '막다른 상황'으로 판단하고, 이 막다른 길로 치닫는 정신사적 궤적을 추적하는 데 몰입한다. 수많은 한계들 앞에 선 지성들의 판단은 무엇이었을까.

대상자의 의무에는 다음과 같은 사항이 포함되어야 한다. 공직 취임 전에 소유 부동산이 실수요임을 입증하고, 실수요임을 입증하지 못한 부동산은 기간 안에 스스로 매각하거나 수탁기관에 백지로 신탁하도록 해야 한다. 여기서 실수요 부동산은 대상자가 거주 목적이나 영업 목적으로 직접 사용하는 부동산과 선산 등으로 엄격히 제한하고 임대용 부동산은 제외해야 한다. 고위 공직자(또는 선출직 공무원)가 되든지 부동산 임대업자가 되든지 둘 중 하나를 선택해야 한다는 것이다.

한편 고위 공직자가 소유한 부동산의 실수요 여부를 판단하고 수탁기관을 관리·감독하기 위한 기관이 필요하다. 이를테면 인사혁신처 산하에 부동산백지신탁관리위원회(이하 '백신위')를 설치하는 것이다. '백신위'는 다른 위원회와 비슷하게 위원장 1인을 포함한 9인의 위원으로 구성하되, 위원장 및 위원은 대통령과 국회와 대법원장이 추천하도록 한다.

수탁기관은 '대상 부동산'의 관리·운용·처분 및 매각금액의 운용 등을 담당한다. 수탁기관은 수탁 후 정해진 기간 이내에 최고가 매각의 원칙에 따라 대상 부동산을 매각하되, 매각하지 못할 경우 '백신위'의 승인을 얻어 매각 기한을 연장할 수 있도록 한다. 대상 부동산이 모두 매각될 때까지 수탁기관은 신탁재산을 운용하고, 매각이 모두 완료되면 그 사실을 신탁자에게 통보해야 한다.

그러면 매각금액과 매각 때까지의 운용수익(임대료 등) 전부를 신탁자인 고위 공직자에게 돌려줘야 하나? 아니다. 매각금액과 매각 때까지의 수익을 합한 금액이 신탁 시점의 감정가와 그에 대한 법정이자를 더한 금액을 초과할 경우 초과액은 국고로 귀속해야 한다. 예를 들어 신탁 당시 부동산이 감정가로 5억 원이었는데, 수탁기관이 1년 후에 7억 원에 매각했다면 7억 원을 다 돌려주는 것이 아니라 5억 원과 5억 원에 대한 1년 동안의 이자만 돌려주도록 한다는 것이다. 매각되지 않거나 매각 추진 과정 중에 신탁자가 공직을 떠나는 경우에도 신탁 당시의 감정가와 그 금액에 대한 공직 사임 시점까지의 법정이자만 돌려받고 대상 부동산을 반환받지 못하도록 해야 한다.

마지막으로, 대상자는 고위 공직 재임기간 및 퇴임 후 최소 3년 동안은 실수요 목적이 아닌 부동산의 신규 취득을 금지해야 한다. 즉 현직에 있을 때 취득한 정보로 부동산 투기를 하는 것을 최대한 어렵게 만들어야 하기 때문이다.

신뢰할 수 있는 공직자가 만드는 신뢰받는 부동산정책

대한민국에서 부동산은 공직자 부패의 온상이자 치부의 수단이었다. 부동산에 이해관계를 가진 고위 공직자들로 인해 정책이 왜곡되고 각종 부패가 발생해온 과정을 우리는 수도 없이 겪었다. 불로소득 유발형 부동산체제의 실행 주체가 실상 고위 공직자와 선출직 공무원이라고 해도 과언이 아니다. 그들은 부동산 가격에 직접적인 영향을 미치는 신도시 개발계획이나 도로 및 인프라 건설 여부를 결정한다. 그리고 이 '고급' 정보를 캐내기 위해 사람들이 친인척과 학

연·지연을 활용해 선을 대려고 한 경우들을 우린 너무 많이 보아왔다. 그동안 인사청문회 때마다 투기 의혹에 대한 공방으로 국민의 실망감은 이루 말할 수 없을 정도로 컸다.

그러나 고위공직자부동산백지신탁제가 도입되면 다음과 같은 일이 일어날 것이다. 첫째, 청렴한 고위 공직자들이 공정한 정책을 수립·집행하는 전통이 확립될 것이고 부동산 정책에 대한 국민의 신뢰도가 올라갈 것이다. 정책 담당자들의 부동산에 대한 이해관계가 사라질 것이므로, 부동산 과다보유자들보다는 무주택자 편에서 주거문제를 해결하고 부동산 투기를 잠재우는 정책이 수립될 가능성이 높아질 것이다.

둘째, 고위 공직자 후보 인재풀이 넓어져서 국정 운영이 원활해질 것이다. 유능한 인재들 중에는 별 생각 없이 부동산 투기를 해온 사람들도 분명히 존재할 것이다. 그렇게 부를 축적하는 것이 대한민국 사회에서는 너무 자연스러운 일이었기 때문이다. 그런 사람에게 고위 공직자 제안, 예컨대 장관 요청이 오면 어떤 반응을 보일까? 한사코 거부할 것이다. 언론에 부동산 투기 의혹이 보도되고 관련 기사가 연일 쏟아지면 자신뿐만 아니라 가족 전체가 망신당할 수 있고, 심지어 수사의 대상이 될 수도 있기 때문이다. 그런데 이 제도를 도입하면 투기용 부동산이 있더라도 백지로 신탁하면 되기 때문에 과거의 부동산 투기는 이제 논란의 대상이 되지 않는다. 고위공직자부동산백지신탁제는 이처럼 유능한 인재풀을 보호하는 기능을 톡톡히 해낼 것이다.

셋째, 이 제도는 보다 정의로운 사람들, 부동산 문제를 해결할 의지가 있는 인재들이 선출직 공무원과 고위 공직에 오를 가능성을 높여준다. 왜냐면 투기용 부동산을 백지로 신탁하는 것이 부담스러울 만큼 부동산 투기에 젖어 있는 사람들은 공직 진출을 포기할 것이기 때문이다. 공직은 잠깐이지만 재산은 영원할 것이라고 생각하는 사람들도 상당할 것이다. 특히 지자체 단위에서 부동산 부자들의 선출직 출마 가능성은 크게 줄어들고, 지역공동체를 생각해온 공심公心이 가득한 사람들의 지방자치단체장과 지방의회 진출 가능성은 크게 높아질 것이다.

이렇듯 고위공직자부동산백지신탁제는 50년 동안 지속되어온 불로소득 유발형 부동산체제에서 불로소득 환수형 부동산체제로 이행하는 데 결정적 역할을 담당할 것이다.

9

기본소득형 국토보유세와 부동산 세제개혁

부동산 불로소득 차단의 특효약은 보유세

'죽음' 다음으로 싫어하는 게 '세금'이란 말도 있다. 그만큼 사람들은 세금 내는 걸 끔찍이 싫어한다는 뜻이다. 그러면 세금 중에 납세자가 가장 싫어하는 세금은 뭘까? 우리나라에서는 부동산세가 아닐까 한다. 사람들이 사고파는 물건 중 부동산의 가격은 유독 비싸서 그로 인해 발생하는 세금 종류도 많고 액수도 크다. 살 때는 취득세, 지니고 있으면 보유세, 처분할 때는 양도세를 내는데 그 세금이 어떻게 적용되느냐에 따라 발생하는 이익의 규모가 달라진다. 그래서 인터넷 커뮤니티 등에서는 부동산 세금을 피하기 위한 각종 테크닉들이 공유되기도 한다.

멀리 갈 것 없이 현재 벌어지고 있는 보유세(재산세와 종합부동산세)와 양도세를 둘러싸고 벌어지는 논쟁을 보라. 너무 과중하다고, 세금 때문에 죽겠다는 아우성이 끊이지 않는다. 부동산 세금이 조금 올랐을 때 언론들은 '세금 폭탄론'을 설파하기에 바쁜데 이걸 읽어보면 대한민국이 금방 무너질 거 같은 착각이 들 정도다. 그래서인지 부동산 세금과 무관한, 그러니까 부동산을 소유하지 않은 사람들조차 반대하고 나선다.

하지만 불로소득 환수형 부동산체제로 이행하려면 부동산 세제를 새롭게 재구성하지 않으면 안 된다. 부동산 세제가 부동산 문제의 핵심인 투기 수요에 결정적 영향을 주기 때문이다. 제대로 된 부동산 세제 없이 새로운 부동산체제의 형성은 불가능하다.

모든 영역이 다 그렇지만 부동산 세제 역시 기본 방향을 잘 잡아야 한다. 당연한 얘기지만 정부가 재정이 필요하다고 해서 아무렇게나 세금을 거둬선 안 된다. 세금 제도는 가능한 한 부와 서비스를 생산하지 않는 경제행위는 단념시키고, 생산적인 경제행위는 장려하도록 유도하는 방향에서 설계되어야 한다. 부가가치 생산에 참여하지 않았는데 돈을 많이 벌었다면 그것은 다른 사람의 소득이 그만큼 줄었다는 것을 의미하는데, 부동산 투기가 바로 그런 행위다. 그러므로 부동산 세제는 부동산 투기를 단념시키는 데 방점이 찍혀야 한다. 그리고 소유한 부동산을 놀리지 않고 알뜰하게 사용할 수 있도록 세제의 구도를 짜야 한다.

부동산 투기가 노리는 것은 부동산 불로소득이다. 그러면 세제의 방향은 간단하다. 불로소득 환수 및 차단을 강화하는 방향으로 가는 것이다. 그러면 어떤 세금이 그런 역할을 할 수 있을까? 답은 보유세다. 그래서 부동산 세제에서 가장 중요한 역할을 하는 보유세를 먼저 설계한 뒤에 취득세와 양도세의 방향을 제시해보도록 하겠다.

보유세의 가장 큰 난제, 조세저항

우리는 앞에서 2019년 개인의 토지 소유 지니계수가 0.811이라는 것, 즉 해방 직후보다 토지 소유 불평등이 심각해졌다는 사실과 13년 간(2007~2019년) 부동산 불로소득이 GDP 평균 16.2%(2019년 352.9조 원)에 이른다는 것, 그리고 부동산이 소득 불평등의 주범이라는 점을 확인했다. 여기서 이 사실을 다시 언급하는 이유는 지금 다루는 부동산 세제가 얼마나 중요한지를 확인하기 위해서다. 부동산 세제를 잘 설계한다면 토지로 인한 이런 불평등을 상당 부분 해소할 수 있다.

사람들이 사용도 하지 않는 부동산을 소유하려 하는 이유는 불로소득 때문이다. 일반재화의 경우는 소유하고 있다고 해서 불로소득이 발생할 일이 거의 없으며, 그래서 사용할 의사가 없으면 소유하지 않는다. 그러나 부동산은 다르다. 가만히 둬도 돈이 되기 때문에, 다시 말해서 가격이 상승하기 때문에 적극적으로 투기하게 된다. 반면에 불로소득이 생기지 않으면, 꼭 필요한 부동산만 보유하려고 할 것이다. 부동산의 효율적인 사용이 이루어지는 것이다.

보유세가 가장 중요한 이유가 여기에 있다. 이 세금은 부동산을 보유했을 때의 부담을 가중시켜 불로소득 규모에 가장 큰 영향을 주게 된다. 왜 그런지 좀 더 자세히 들여다보자. 우리가 알고 있듯이 어떤 자산에서 발생하는 소득은 그 자산에서 얻을 수 있는 수입에서 그 자산을 운용하는 데 들어가는 비용의 차('수입-비용')이다. 그러면 부동산을 통해서 얻을 수 있는 수입은 무엇인가? 그것은 보유하고 있을 동안의 임대소득(귀속임대소득 포함)과 시장에 내다 팔 때 발생하는 매각수입의 합이다. 그러면 비용은? 부동산을 사들일 때 들어가는 매입가와 보유하는 동안의 이자다. 물론 자기 돈으로 부동산을 매입한 사람은 이자가 발생하지 않는다. 그러나 부동산을 매입했다는 것은 그 돈을 다른 곳에 투자했을 때 얻을 수 있는 이익을 포기한 것이기 때문에 최소한 법정이자만큼은 '비용'이 발생한다. 이것을 식으로 나타내면 다음과 같다.

부동산 불로소득=수입-비용
=(매각가액+보유기간 동안의 임대소득)-(매입가액+매입가액의 이자)
=(보유기간 동안의 임대소득-매입가액의 이자)+(매각가액-매입가액)

그런데 만약 보유세를 강화하면 어떻게 될까? 소유자 입장에서는 보유 비용이 증가하는 것이니 결국 누리는 임대소득의 규모가 줄어든다. 그런데 여기서 주목할 점은 보유세가 임대소득만 줄이는 게 아니라, 매각가액과 매입가액을 비슷하게 만들어 매매차익도 줄일 수 있다는 것이다.

이게 무슨 소린가 하면, 예컨대 어떤 사람이 은행에서 10억 원을 연 2%로 대출받아 부동산을 매입한 후 임대했다고 가정해보자. 이 사람이 이렇게 한 이유는 최소한 다른 데 투자했을 때보다 부동산으로 더 많은 수입을 올릴 수 있다고 생각하기 때문이다. 이 사람에게 비용은 빌린 돈 10억 원과 매년 발생하는 이자 2000만 원이다. 여기에 매년 건물 관리에 200만 원이라는 비용이 투입된다고 하자. 부동산 수입은 보통 임대가치가 최소 연 3%가 넘으니 연 3000만 원의 수입이 생긴다고 가정해보면 매년 생기는 소득은 800만 원(=3000 - 2000 - 200)이다.(물론 은행 대출받지 않고 자기 돈으로 매입했다면 임대소득은 2800만 원이 된다.) 그러나 인구가 증가하고 경제가 성장하거나 매입한 부동산의 입지가 좋아지면 재계약할 때 임대료를 올려 받을 수 있기 때문에 임대소득은 계속 증가한다. 예를 들어 2년 후에는 연 4000만 원씩 임대료를 받아 소득이 1800만 원이 될 수도 있다. 이렇게 되면 부동산 가격은 어떻게 될까? 10억 원을 넘어 계속 오르게 되어 있다. 가격이 오르는 이유는 그 부동산을 소유하고 있으면 임대수입이 계속 증가하기 때문이다.

바로 여기에 보유세가 부과된다고 해보자. 보유세가 부과되면 부동산 임대로 얻는 소득이 줄어든다. 보유세는 소유자 입장에서는 비용이기 때문이다. 비용이 증가하여 수입이 줄어들어 은행이자에까지 가까워지면 부동산 가격도 떨어지게 돼 있다. 어떤 자산을 소유하고 있을 때 그 자산에서 매년 2000만 원의 수입이 생기고 은행이자율이 2%라고 한다면 그 자산은 10억 원 이상이 되긴 어렵다. 보유세의 이런 원리 때문에 보유세가 불로소득을 '환수'(임대소득을 환수)하고 '차단'(매매차익을 차단)한다고 하는 것이다.

그런데 보유세가 아니라 양도세를 대폭 강화해서 매매차익을 누리지 못하게 하면 간단하지 않겠냐는 의견이 있을 수도 있다. 그러나 양도세는 소유자로 하여금 보유한 부동산의 매각을 꺼리게 만들어 거래를 위축시키는 부작용을 낳는다. 매매차익을 누리지 못하니 차라리 갖고 있다가 지금까지 그래왔듯이 정권이 바뀌어 양도세를 완화하면 그때 판다는 전략이다. 시장경제가 역동적이려면 필요한 사람이 쉽게 사고 불필요한 사람이 쉽게 팔아야 하는데, 양도세 강화는 이에 역행한다. 그리고 부동산 가격이 상승하는 투기 국면에서는 매도자가 힘이 세서 양도세 부담을 구매자에게 떠넘겨 가격 상승이 가속화되는 부작용이 일어나기도 한다. 반면 보유세 강화는 양도세처럼 거래를 위축시키는 부작용을 발생시키지 않고 여간해서 다른 사람에게 세금을 떠넘기기도 어렵다.[24] 그리고 소유한 부동산을 놀리거나 방치하지 않고 효율적으로 사용하도록 유도한다. 방치하면 손해이기 때문이다.

그렇다면 지금까지 이렇게 우수한 세금인 보유세를 강화하지 못한 이유는 무엇일까? 간단히 말하면 부동산 과다보유 개인과 법인의 조세저항 때문이다. 그들은 소수이지만 막강한 경제력을 가지고 있고, 자신들의 인적 네트워크와 경제력으로 언론사와 학계에 대단한 영향을 미친다. 2005년 말 참여정부가 우여곡절 끝에 당시 0.15%에 불과했던 보유세 실효세율을 2017년에는 0.61%까지 강화되도록 입법화시켰지만, 2008년 이명박 정부 때 다시 주저앉은 것도 부동산 과다소유자들의 '조직적' 저항 때문이었다. 그리고 문재인 정부가 보유세 강화에 미온적이고, 심지어 재산세율까지 인하한 것[25]도 이러한 조세저항을 극복하지 못해서다.

반면 보유세를 낼 수 없는 사람들, 즉 부동산이 없는 사람들의 보유세 강화에 대한 태도는 어떤가? 소극적으로 지지를 보내면 그나마 다행이다. 상당수의 사람들은 언론에 영향을 받아 반대하기까지 한다. 보유세를 부담해야 하는 사람은 극도로 싫어하고 보유세와 무관한 사람들은 이에 무관심하니, 사회 전체적으로는 이롭다 해도 보유세 강화가 실현되기 어려운 것이다. 따라서 보유세를 강화하려면, 보유세와 무관한 사람들의 지지를 받을 수 있는 방안을 마련하는 게 필수다.

기본소득형 국토보유세를 고안하다

이런 고민 끝에 나온 대안이 바로 '기본소득형 국토보유세'다.[26] 이는 기존의 국세인 종합부동산세를 폐지하고, 국토보유세를 신설해서 그 세액 전부를 기본소득으로 분배해주는 전략이다. 이런 기본소득형 국토보유세는 부동산이 없는 사람, 정확히 말하면 토지가 없는 사람과 부동산을 소유했다고 하더라도 1주택 정도에 머문 개인을 적극적 지지자로 만들 수 있다. 이렇게 되면 소수의 조세저항을 너끈히 극복할 수 있다.

기본소득형 국토보유세는 말 그대로 '기본소득'과 '토지보유세'를 연결한 것이다. 토지보유세라고 하지 않고 '국토'보유세라고 한 이유는 다른 땅이 아닌 대한민국이라는 국가의 토지에 세금을 부과한다는 의미를 부각시키기 위함이다.

한편 우리가 알고 있듯이 기본소득은 정기적으로, 현금으로, 노동과 나이에 관계없이, 모두에게 주는 소득을 말한다. 이런 기본소득에서 핵심 쟁점은 어디서 재원을 마련하느냐인데, 여기서 유의해야 할 점은 '필요론'만으로는 재원 마련에 한계가 있다는 것이다. 정부가 필요하다고 해서 세금을 많이 거둬들여서는 안 되며, 거기엔 정당한 근거가 있어야 한다. 그래서 마땅히 누려야 할 '권리론'에 입각해서 재원 마련을 고민해야 한다. 이런 관점에서 보면, 7장에서 다뤘듯이 토지는 누가 만든 게 아니고 자연에서 주어진 것이기에 근본적으로 모든 사람이 평등하게 이용할 수 있어야 하고, 토지가치 자체도 사회가 만든 것이니 그 가치의 일부를 세금으로 거둬서 모두에게 똑같이 분배하는 것은 그 자체로 타고난 권리를 보장하는 것이라 할 수 있다. 기본소득형 국토보유세는 국토의 실질적 주인은 국민이므로 그로부터 나온 이익은 갓 태어난 어린아이부터 노인에게 이르기까지 똑같이 누려야 한다는 권리론이 바탕에 깔려 있다. 다시 말해서 조세저항을 극복하기 위한 대안이기도 하지만, 그 자체가 정의로운 대안이기도 한 것이다.

물론 이에 대해 새로운 세금을 만들기보다는 기존의 종합부동산세를 이용해 기본소득을 지급해도 되지 않냐고 이야기할 수도 있다. 하지만 종합부동산세는 한계가 많다. 먼저, 종합부동산세는 토지뿐만 아니라 건물에도 부과하고 있다는 점이다. 7장에서 다뤘듯이 건물은 개인의 노력으로 지어진 것이기에 기본소득의 대상이 되기 어려울 뿐 아니라 건물에 세금을 부과하는 것은 건물을 신축하거나 증축하는 생산활동에 부담을 준다.[*] 다음으로 종합부동산세는 모든 토지에 부과하지도 않는다는 점이다. 주택은 공시가격 6억 혹은 9억이 넘는 부분에 대해서만, 상가 건물이 위치한 토지는 80억이 넘는 부분에만, 나대지裸垈地 등은 5억이 넘는 부분에만 부과하고, 농지와 상당한 정도의 공장용지는 아예 부과도 하지 않는다.

반면 국토보유세는 개인과 법인이 가진 토지를 합산해서 부과하는 것으로 설계돼 있다. 이렇게 되면 다양한 부동산을 골고루 가지고 있는 개인이나 법인은 부담이 대폭 늘어난다. 반면 주택이 되었든 상가가 되었든 공장 건물이 되었든 '건물'에는 부과하지 않는다. 그리고 국토보유세는 시·군·구의 재원인 재산세에서 토지분은 빼준다. 예를 들어 국토보유세액이 100만 원이고, 토지분 재산세가 30만 원이면 70만 원(=100-30)이 실제 국토보유세액이 된다는 것이다.

● 이와 관련해서 노벨 경제학상 수상자인 윌리엄 비크리William Vickrey는 "부동산 보유세는 최선의 세금 중 하나(토지보유세)와 최악의 세금 중 하나(건물보유세)가 결합한 세금"이라고 말했다.(Vickrey 2001, 86쪽)

기본소득형 국토보유세, 얼마나 받고 얼마나 내는가?

그러면 기본소득형 국토보유세를 실시하면 어느 정도의 세금을 부담해야 하고 1인당 얼마의 기본소득이 지급되는지도 알아보자. 세율은 모든 토지에 똑같은 세율을 적용하는 비례세와 더 높은 가액일수록 세율이 높아지는 누진세로 설계할 수 있다. 계산하기 전에 토지 소유와 관련된 기초 통계를 다시 상기해보자. 1장에서 잠깐 다뤘듯이 2021년 현재 우리나라 전체 세대는 2373만 세대[27]이고, 그중 61.3%인 1455만 세대가 토지를 소유하고 있다. 역으로 말하면 38.7%의 세대는 토지를 한 평도 소유하지 못하고 있다는 뜻이다. 또한 2021년 현재 민간이 소유한 토지의 가격은 공시지가로는 5002.4조 원[28], 시가로는 7593.2조 원[29]이다.(공시지가의 시세 반영률은 65.9%)

비례세의 경우 세율을 1.0%, 1.5%, 2.0%, 2.5%, 3.0%를 적용하는 5가지 시나리오가 있다. 각각의 경우 얼마나 거둘 수 있을까? 공시지가가 5002.4조 원이므로 여기에 각 시나리오별로 세율을 곱하고, 종합부동산세를 폐지함에 따라 줄어든 세금 6조1366억 원과 토지분 재산세 10조5960억 원을 제외하면 쉽게 구할 수 있다.

누진세는 어떻게 할 수 있을까? 누진세도 설계하기 나름이지만 여기에서는 중간 누진도(누진 1), 높은 누진도(누진 2), 낮은 누진도(누진 3)의 세 가지 시나리오를 적용해본다.[30] 낮은 누진도는 최고세율과 최저세율 간의 범위가 0.5%~1.5%이며 중간 누진도는 0.5~1%, 높은 누진도는 0.5~2%이다. 통계청이 구간별로 토지를 소유한 개인과 법

[도표 9] 시나리오별 1인당 지급액 및 순수혜 비율 추산(2021년)

구분	비례 1	비례 2	비례 3	비례 4	비례 5	누진 1	누진 2	누진 3
세율[1]	1.0	1.5	2.0	2.5	3.0	0.5~1.5	0.5~1.5	0.7~1.5
국토보유세 순증분[2](조 원)	33.8	58.8	83.8	108.8	133.9	40.1	51.4	42.4
1인당 지급액 (만 원, 연 단위)	65.2	113.5	161.8	210	258.3	76.4	98.2	80.8
순수혜 세대 비율	83.4%	84.7%	84.7%	85.3%	85.3%	92.6%	93.9%	91.4%

주 1 : 공시지가 5002.4조 원 × 세율
주 2 : 국토보유세 순증분 = 국토보유세 − 종합부동산세(6조 1366억 원) − 재산세 토지분(10조 5960억 원)

인의 총 가액을 제공하고 있기 때문에 쉽게 계산할 수 있다.

이렇게 해서 계산한 국토보유세 순증분과 1인당 기본소득 지급액, 순수혜 세대 비율, 그리고 순부담이 시작되는 주택가격을 [도표 9]에 나타냈다. 1인당 연간 지급액은 비례세에서는 시나리오에 따라 65.2만 원에서 258.3만 원까지 발생하며, 누진세에서는 76.4만 원에서 98.2만 원까지 나온다. 놀라운 것은 가장 적은 경우에도 순수혜 세대가 최소 83.4% 이상이 된다는 점이다. 더구나 누진세일 때는 91.4~93.9%가 순수혜 세대가 되는데, 사실상 국민 대부분이 혜택을 보는 셈이다.

그렇다면 가장 일반적인 경우라 할 1주택 소유에 가구원이 3인 세대는 국토보유세가 도입되면 부담액과 수혜액이 어떻게 될까? [도표

※ 짙게 표시한 구간이 순수혜 구간. 주택 가격은 공시지가 기준이다.   (단위: 만 원)

세율 \ 주택가격	1억 원	3억 원	5억 원	6억 원	7억 원	8억 원	9억 원	10억 원	11억 원	12억 원	15억 원	20억 원
1.0%	160.4	89.7	22.0	-12.1	-45.1	-80.3	-107.9	-139.7	-171.4	-203.2	-298.4	-430.3
1.5%	285.2	174.7	67.2	13.1	-39.9	-95.1	-142.6	-194.3	-245.9	-297.6	-452.7	-684.3
2.0%	410.1	259.7	112.3	38.3	-34.7	-109.8	-177.2	-248.8	-320.5	-392.1	-606.9	-938.2
2.5%	535.0	344.7	157.4	63.4	-29.4	-124.5	-211.9	-303.4	-395.0	-486.5	-761.2	-1,192.2
3.0%	659.8	429.7	202.5	88.6	-24.2	-139.2	-246.5	-358.0	-469.5	-581.0	-915.5	-1,446.1

주 1: 순수혜액 =1인당 기본소득액×3 - (국토보유세액-토지분 재산세액)
주 2: 국보세 부담액=(시가×0.606*×0.658**×국보세율***)-토지분 재산세액
 * 2019년 공동주택 공시가격의 시가반영률은 68.1%이고 단독주택 53.0%이므로 평균 60.6%로 간주
 ** 한국은행 통계에 따르면 지난 10년간(2010~2019) 주택 가액에서 토지 가액이 차지하는 비중이 평균 65.8%이다.
 *** 1.0%~3.0%의 세율 적용.

10]를 보면 된다.

국토보유세율이 1%인 경우, 시가 1억 원의 주택만 소유한 세대에게는 160.4만 원의 순수혜액이, 시가 5억 원 상당의 주택 소유 세대에게는 22.0만 원의 순수혜액이, 10억 원 상당의 주택 소유 세대에는 107.9만 원의 순부담이 발생한다. 결론적으로 순수혜액이 0인 세대, 즉 부담과 혜택이 동일한 세대의 주택가격은 세율이 1%일 경우에는 5~6억 원 사이다. 세율이 1.5~3.0%에서는 6~7억 원 사이에서 부

[도표 11] 3인가구 1세대 1주택자의 순수혜[1]-순부담[2] 분포(누진세 적용)

※ 짙게 표시한 구간이 순수혜 구간. 주택 가격은 공시지가 기준이다. (단위: 만 원)

주택가격 구분	1억	3억	4억	10억	11억	12억	13억	14억	15억	16억	17억	18억	19억	20억
1안	225.9	191.8	169.6	45.5	25.8	6.0	-15.8	-40.0	-64.1	-88.3	-112.5	-136.6	-160.8	-185.0
2안	291.5	257.4	235.2	111.1	91.4	71.6	48.0	19.8	-8.4	-36.5	-64.7	-92.8	-121.0	-149.1
3안	231.3	183.2	157.0	9.0	-14.8	-38.6	-62.5	-86.7	-110.8	-135.0	-159.2	-183.3	-207.5	-231.7

주 1: 순수혜액 : 1인당 기본소득액×3 −(국토보유세액−토지분 재산세액)
주 2: 국보세 부담액= (시가×0.606*×0.658**×국보세율***)−토지분 재산세액
* 2019년 공동주택 공시가격의 시가반영률은 68.1%이고 단독주택 53.0%이므로 평균 60.6%로 간주
** 한국은행 통계에 따르면 지난 10년(2010∼2019)간 주택 가액에서 토지 가액이 차지하는 비중이 평균 65.8%이다.
*** 누진 1∼3의 세율 적용.

담과 혜택이 같아진다. 물론 세대원이 많으면 보유 주택 가격이 더 비싸도 순수혜 세대가 되고, 적으면 그 반대가 된다. 예를 들어 세대원이 4명이면 국토보유세율이 1%일 때 주택가격이 8억 원 가까운 수준에서 부담과 혜택이 같아지고, 1.5~2.0%이면 8~9억 원 사이에서, 2.5~3.0%이면 9~10억 원 사이에서 순수혜 세대가 된다.

누진세의 경우에는 어떨까? 마찬가지로 1주택 3인 가구 세대라면 [도표 11]에서 보는 것처럼 누진 1안의 경우 시가 13억 원부터 순부담 가구가 되며, 누진 2안은 15억 원, 누진 3안은 11억 원부터 순부담 가구가 된다. 물론 가구수가 4인이면 기준은 더 올라간다.(1안은 16억 원, 2안은 19억 원, 3안은 14억 원)

마지막으로 기본소득형 국토보유세를 도입하면 보유세 실효세율 전체가 어떻게 달라지는지 추산해보자. 법정세율이 1.0%일 경우 부동산 보유세 실효세율은 0.45%로 가장 낮고, 3.0%일 경우에는 1.29%로 가장 높다. 누진세의 경우에는 누진 1에서는 0.52%, 누진 2에서는 0.60%, 누진 3에서는 0.55%가 된다. 비례세율이 3%라고 하더라도 실제로는 미국의 보유세 실효세율과 비슷하다.[•] 즉 보유세 강화의 여지는 충분하다는 것이다.

　이렇게 국토보유세로 늘어난 세금 전액을 기본소득으로 지급하면 이 제도의 수혜자는 자신이 누리는 혜택이 바로 그 세금 때문임을 분명히 인식하게 된다. 경제적인 손익으로만 판단했을 때, 최소한 전체 국민의 83% 이상의 세대가 기본소득형 국토보유세로 이득을 볼 것이고, 이는 순부담 세대의 조세저항을 극복하는 데 상당한 역할을 할 것이다.

　종합부동산세가 강남 등 일부 지역에 밀집한 소수 부동산 부자들의 조세저항을 견디지 못하고 후퇴한 까닭은 그 세금의 수혜자들이 어떤 혜택을 누리는지 알 수 없었기 때문이기도 하다. 이 점에서 우리는 기본소득형 국토보유세의 장점을 다시 한 번 확인하게 된다. 기본소득형 국토보유세는 적극적 지지층이 생기기 때문에 추진과 유지에 대단한 힘을 받을 수 있으며, 여론을 오히려 실효세율을 더 높이자는

● 미국의 아파트 보유세 실효세율은 주에 따라 0.33~3.74%, 산업용 부동산은 0.51~2.75%, 상업용 부동산은 0.69~3.77%, 농가주택은 0.31~3.30%를 보이고 있다.(Lincoln Institute of Land Policy 2020)

쪽으로 나아가게 할 것이기에 성공 가능성 면에서 종합부동산세보다 뛰어날 수밖에 없다.(유영성 외 2020, 104쪽)

기본소득형 국토보유세의 효과

기본소득형 국토보유세는 다음과 같은 사회경제적 효과를 불러올 것이다. 첫째, 부동산 소유 불평등이 줄어든다. 무엇보다 보유세가 강화되므로 부동산의 기대수익률이 떨어져 불로소득을 노린 부동산 보유가 줄어들어 부동산시장이 자연스럽게 실수요 중심으로 재편될 것이다. 이는 결과적으로 부동산 소유 불평등을 낮출 것이다. 민간임대사업자들이 보유 부담 증가로 자신들의 주택을 결국 매각하게 되고[31], 법인도 보유한 비업무용 부동산을 매각할 것이니 말이다.

둘째, 소득 불평등도 줄어든다. 국토보유세가 실시되면 토지 가격이 떨어질 것이고, 이에 따라 매매차익과 임대소득이 하락해 부동산으로 인한 소득 불평등은 줄어든다. 게다가 기본소득형 국토보유세는 부동산을 조금밖에 소유하지 못한 사람과 아예 소유하지 못한 사람들의 소득을 증가시켜주기 때문에 소득 불평등은 더 줄어들 것이다.

셋째, 경제효율이 더 높아진다. 경제에 큰 부담이었던 땅값이 내려가면 비싼 지가에 짓눌렸던 생산의 용수철이 튀어오르게 될 것이다. 특히 법인의 생산적 투자는 늘어날 것이다. 과거에 토지투기를 통해서 이익을 추구했던 법인들도 국토보유세가 강화되면 당장의 필요가 없는 토지를 팔거나 보유한 토지를 더 효율적으로 이용하려고 애쓸 것이다. 즉 기술개발이나 경영혁신을 통해서 이윤을 추구하는 경향이 강화될 것이다. 그리고 땅값 안정은 신규 기업의 시장 진입 가능성을 높이고 중소기업이 사업을 확장하는 데도 도움이 될 것이다.

넷째, 국토보유세를 기본소득으로 분배하면 대한민국 모든 국민이 국토에 대한 평등한 권리를 누리는 결과가 나타난다. 이것은 마치 주식회사의 주주가 회사의 주인으로서 권리를 누리고 배당을 받는 것과 같으며, 대한민국의 주인이 국민이라는 사실을 분명히 보여주는 일이 될 것이다.

다섯째, 건설 경기가 활성화된다. 도시에서 사용 효율이 낮거나 놀고 있는 토지가 생산에 이용되기 때문이다. 토지세가 높아지면 토지의 효율적 사용이 촉진된다는 것은 미국의 사례를 통해서도 확인할 수 있다. 미국의 펜실베이니아 주州의 피츠버그는 1913년부터 건물보다 토지에 대해 더 높은 세율로 보유세를 부과해오다가 1977~1980년에 그 격차를 5배로 대폭 확대한 바 있다. 그 결과 1980년대 미국의 다른 14개 도시에서는 신규 건축 평균가액이 11.5~67% 감소했으나 피츠버그에서는 70% 증가한 결과가 나타났다.(Oates and Schwab 1997) 토지세가 커지자 과거에는 비효율적으로 사용되거나 놀리던 토지에서 건물의 신축·증축이 활발해진 것이다. 그러던 2000년에 피츠버그는 주민들의 요구에 따라 토지와 건물을 통합해서 과세하는 방식으로 전환했다. 즉 건물에도 무겁게 과세를 한 것인데, 그 결과 2001~2002년 건축 관련 지출은 1998~1999년에 비해

21%나 감소했다. 그런데 같은 기간 동안 펜실베이니아 주의 다른 도시와 미국 전체의 건축 관련 지출은 증가한 것으로 나타났다.(Eleanor D. Craig 2003, 6쪽; 김경환·손재영 2011, 306쪽)

왜 이런 현상이 발생할까? 가령 5억 원의 주택 2채가 있는데, 주택 A는 땅값이 1억 원에 건물값이 4억 원이고, 주택 B는 반대로 땅값이 4억 원에 건물값이 1억 원이라고 하자. 이런 상태에서 토지와 건물을 통합해서 과세하면 주택 A와 B에 같은 액수의 보유세가 부과된다. 그런데 만약 건물세는 없애고 토지세만 올려서 받으면 주택 B의 토지세액이 주택 A의 토지세액의 무려 4배나 된다. 이렇게 되면 주택 B의 소유자는 신축 혹은 증축을 하거나 정 안 되면 처분하게 된다. 더 수익성 있는 건물을 지어서 소득을 올리지 않으면, 올라간 토지세가 고스란히 비용 부담이 되기 때문이다. 그런데 토지와 건물을 합산 과세하면 주택 B의 소유자는 증축이나 신축할 이유가 줄어든다. 건물 가격이 올라가는 만큼 내야 할 세금도 늘기 때문이다. 토지에만 과세하는 기본소득형 국토보유세는 이런 메커니즘을 작동시켜서 토지의 효율적 사용을 촉진하게 된다.

마지막으로, 기본소득형 국토보유세를 통해서 '부담'이 아니라 '혜택'을 통한 부동산 투기 차단이 가능해진다. 즉 경제적 유인구조를 변화시켜서 개인과 법인의 부동산 소유 패턴에 강력한 영향을 준다는 것이다. 기본소득형 국토보유세가 도입되면 집을 살 때도, 또 상가나 토지를 매입할 때도 부담해야 할 국토보유세 액수와 기본소득으로 받는 액수를 비교해서 자신에게 가장 유리한 소유 구조를 선택할 것이다. 그러면 자연스레 토지 소유는 평등해지는 방향으로 나아가게 된다. 왜냐면 기본소득형 국토보유세는 유주택자보다 무주택자에게, 다주택자보다 1주택자에게, 고가주택 보유자보다 중저가주택 보유자에게, 부동산 과다보유 개인이나 법인보다 과소 혹은 적정 보유 법인과 개인에게 더 유리하기 때문이다.

기본소득형 국토보유세 도입에 따른 부동산 세제개혁의 방향

1) 취득세: 세율을 인하하고 세율 체계를 단순화

앞에서도 언급했듯이 세금의 대원칙은 사회적으로 바람직한 행위는 장려하고 사회적으로 바람직하지 않은 행위는 단념하도록 유도하는 것이다. 부동산과 관련해서 사회적으로 바람직한 행위란 보유한 부동산을 효율적으로 이용하고 불필요한 경우에는 빠르게 처분하는 것이다.

그렇다면 그런 방향으로 가기 위해 취득세는 어떻게 되어야 할까? 부동산을 효율적으로 이용하려는 사람이 손쉽게 매입할 수 있도록 바뀔 필요가 있다. 이런 관점에서 나온 것이 바로 '보유세 강화–취득세 인하' 원칙이다. 취득세는 부동산의 거래가격에 부가되기 때문에 취득세가 높으면 그 자체가 구매하는 데 장벽이 된다.

그런데 현재 우리나라의 부동산 세금은 보유세가 낮고 취득세가 높은 기형적인 구조이다. 2019년 거둬들인 보유세가 15조8983억 원(재산세 12조8911억 원+종부세 3조72억 원. 부가세 제외)이고 취득세가

19조1926억 원으로, 그 비율이 45:55이다. 그뿐 아니라 2020년에 개편한 취득세는 오히려 세율을 더 올렸고 복잡해졌다. 2주택일 때 조정대상지역의 경우에는 8%, 그러니까 10억 원 주택을 매입하면 취득세로 8000만 원을 내야 하고, 3주택일 경우에는 12%, 그러니까 1억 2000만 원을 취득세로 내야 한다. 이렇게 개편한 이유는 다주택을 취득하는 데 부담을 주어 투기를 단념시키겠다는 것이다.

그러나 기본소득형 국토보유세를 도입하면 보유세가 크게 강화되어 투기 수요는 자연적으로 상당히 차단된다. 지금까지는 보유세를 강화하지 못해 취득세를 올리는 방향으로 투기 수요를 잡으려 했지만, 기본소득형 국토보유세가 도입되면 '보유세 강화-취득세 인하'가 가능해진다. 그러므로 국토보유세 도입과 함께 취득세는 인하해야 한다. 그리고 복잡한 세율 체계도 단순화시켜야 한다. 세율 체계는 납세자가 바로 알아볼 수 있도록 구성하는 것이 최선이다.

한편, 부동산 취득세는 광역자치단체의 중요한 재정수입원이므로 취득세를 낮춘다면 취득세율 인하로 줄어드는 지방세수를 보전할 방안도 함께 마련해야 한다.

2) 양도세: 소득세보다 무겁게 과세하고 장기보유 1주택자에 혜택

사회적으로 바람직한 행위를 유도하고 사회적으로 해로운 경제 행위를 단념시키기 위해 양도세는 어떤 방향으로 개편돼야 할까? 양도세는 부동산의 매입가격과 매매가격의 차이, 즉 불로소득인 매매차익에 부과하는 세금이다. 당연히 중과해야 한다.

하지만 양도세는 부작용도 있다. 양도세를 부과하면 소유자가 무거운 세금을 피하기 위해 팔아야 할 부동산을 그냥 가지고 있게만 되는 부작용이 발생한다. 즉 양도세가 부동산의 효율적 사용을 방해한다고 할 수 있다. 그리고 파는 사람이 유리한 투기 국면에서는 사는 사람에게 양도세를 떠넘기는 일도 생긴다.

그러나 양도세는 긍정적인 기능이 더 강하다. 아무래도 양도세를 높이면 투기 목적의 소유자가 기대하는 이익의 규모가 줄어든다. 그래서 투기자의 시장 진입을 막고, 결과적으로 거품 형성을 방지하는 긍정적 역할을 한다.

이에 대해 양도세는 거래세이므로 불필요한 부동산은 빨리 처분하도록 유도하기 위해 양도세를 내려야 한다는 주장도 있다. 그러나 양도세는 양도차익이 발생했을 때만 부담하는 세금이지, 취득세처럼 거래시 반드시 부담하는 세금이 아니다. 또 양도세는 소득세의 일종이므로 다른 소득세와 비교하면서 방향을 정해야 한다.

현재 우리나라의 주택 양도세는 다주택자일수록 중과하고, 9억 미만 1주택자는 비과세하는 것이 특징이다. 그리고 투기가 일어나는 조정대상지역이냐 아니냐에 따라 세율 체계와 비과세 요건이 다르게 되어 있다.

이러한 양도세는 다음과 같이 바뀌어야 한다. 첫째, 부동산 매매차익은 불로소득이기 때문에 사회적으로 바람직한 행위인 법인이나 개인의 생산활동에 대한 세금보다는 월등히 높아야 한다. 현재 법인의 경우 양도세는 법인세에 통합되어 있는데, 개인의 경우처럼 분리

과세해야 한다.

둘째, 9억 원 이하 1주택자에 대해서 비과세 조항을 폐지하되 모든 실거주 1주택자에 한해서는 장기 보유에 대한 혜택을 부여하는 것으로 개편할 필요가 있다. 현재 9억 원 미만 1주택자에게 비과세 혜택을 주는 이유는, 이들에게도 과세하게 되면 주거를 옮길 때 이들의 주거 수준이 하락하기 십상이기 때문이다. 예를 들어 1주택자가 어떤 이유에서 이사를 가게 된다고 하자. 지금 사는 집은 5억 원에 매입했는데 가격이 올라 8억 원에 팔았다. 그런데 이 3억 원의 매매차익 상당 부분을 양도세로 환수하게 되면 이 사람은 예전과 같은 수준의 집으로는 이사 갈 수가 없다. 다른 집도 가격이 다 올랐기 때문에 매매차익을 환수한 5억 원 정도로는 원하는 집을 살 수 없기 때문이다.

그러나 매매차익은 손에 쥔 불로소득이기 때문에 기본적으로 과세는 해야 한다. 그리고 1주택자 양도세 비과세 방침에는 '1주택자는 실수요, 다주택자는 투기 수요'라는 전제가 깔려 있다. 하지만 우리가 '똘똘한 집 한 채'라는 현상에서 봤듯이 1주택자에게도 얼마든지 투기적 동기가 있음을 직시해야 한다. 1주택을 보유하더라도 가격이 더 많이 오를 주택을 사려고 하는 것은 어찌 보면 당연하다. 그러므로 1주택에도 양도세를 부과하되 실거주에 한해서는 장기 보유에 대한 혜택을 부여하는 것으로 하면 충분하다고 생각된다. 예를 들어 보유 기간이 1년이 추가될 때마다 공제율을 5%씩 상향시키는 방법을 고려할 수 있다.

그리고 국토보유세는 고가주택 소유주에게 부담을 주어 매각을 유도할 수 있기 때문에 고가 1주택에 대해서도 양도세 혜택을 주는 것이 문제가 되지 않는다. 한 가지 추가할 것은 국토보유세가 도입되어 부동산 투기가 차단되고 나아가 부동산 가격이 하향안정화되면, 매매차익의 규모가 크게 줄어 양도세 납부액도 줄어들 수 있다는 점이다.

셋째, 양도세를 단순화해야 한다. 1주택 실거주를 제외한 나머지 부동산에는 양도차익의 규모에 따라 누진세를 적용하고, 법인소득과 근로소득에 대한 실효세율보다 충분히 높을 수 있도록 세금을 설계해야 한다.

새로운 부동산체제를 위한 부동산 세제, 이렇게 하자!

세금으로 부동산 문제를 해결하지 못한다는 말이 있다. 완전히 틀린 말은 아니다. 지금의 세금 제도로는 모든 부동산 문제를 해결할 수는 없다.[32] 하지만 우리는 물어야 한다. 부동산 문제의 핵심이 부동산 투기이고, 투기는 불로소득을 노리고 일어나는 경제행위라는 것에 동의한다면, 불로소득을 환수 및 차단하는 데 세제만큼 강력한 수단이 또 어디 있겠냐고.

비판자들은 참여정부가 보유세를 강화했지만 부동산 투기를 막지 못했다는 것을 주로 반례로 든다. 그런 면이 있는 것은 사실이다. 하지만 참여정부가 집권 초에 부동산 보유세를 강화하는 데 성공했다면 부동산 투기는 상당 부분 해결되었을 수 있었다. 우리가 알고 있듯이 참여정부의 보유세 강화는 집권 3년차인 2005년 말에 겨우 입법화됐다. 그리고 문재인 정부도 집권 초기에 보유세 강화 정책을 세워 점진적으로 강화해나가고, 시장이 이를 확실한 변화로 받아들였다면 부동산 문제가 이렇게까지 심각해지지는 않았을 것이다.

불로소득 환수형 부동산체제는 그에 맞는 부동산 세제를 필요로 한다. 이제 부동산 세제를 이렇게 바꾸자.

부동산 문제를 해결하는 가장 강력한 수단인 '보유세 강화'를 실현할 수 있는 기본소득형 국토보유세를 도입하자. 이렇게 하면 최소 83% 이상이 순수혜 세대가 되고 조세저항을 너끈히 극복할 수 있다. 다주택자들, 투기 목적으로 부동산을 구입한 개인과 법인은 부동산을 시장에 내다 팔 것이고 부동산 소유는 자연스럽게 실수요자 중심으로 재편될 것이다.

취득세는 인하하자. 그래야 매입에 대한 부담이 줄고 거래도 활발하게 일어날 수 있다. 그리고 현재의 복잡한 취득세 구조는 단순화하자.

양도세는 기본적으로 불로소득에 과세하는 것이므로 법인소득이나 근로소득보다 충분히 높아야 한다. 9억 원 미만 1주택에 대한 비과세는 폐지하되 1주택 실거주 장기 보유와 관련해서는 보유한 기간에 따라 공제를 늘려주는 방향으로 개편하고, 나머지 부동산에 대해서는 앞서 말한 원칙을 적용하자.

새로운 부동산체제에서 부동산 세제는 사회적으로 바람직한 행위는 장려하고, 바람직하지 않은 투기행위는 단념하도록 유도하는 것이 기본 원칙이 되어야 한다. 우리는 이 상식을 너무나 오랫동안 무시했고 그 대가로 불평등 심화, 출산율 저하, 결혼 기피, 세대갈등이라는 현상을 맞닥뜨리고 있다. 불로소득 환수형 부동산체제로 전환하는 데 가장 중요한 수단이 그에 걸맞는 부동산 세제임을 잊어서는 안 된다.

10

진입장벽을 획기적으로 낮추는
부동산 공급정책

국토부, 땅장사 이제 그만하자!

9장에서 다룬 부동산 세제는 투기 수요를 차단하고 실수요만 시장에 등장하도록 유도하는 것으로, 새로운 부동산체제의 수요 측면 정책이라고 할 수 있다. 거기에 더하여 새로운 부동산체제에 부합하는 부동산 공급 측면의 정책도 필요하다.

그 방향은 진입장벽을 획기적으로 낮추는 공급, 거기에 더하여 불로소득이 원천적으로 차단된 공급이다. 생산적 활동을 하는 법인(기업)에는 목돈이 없어도 토지를 안정적으로 이용할 수 있는 기회를 제공하고, 가계에는 무리하게 대출받지 않아도 집을 살 수 있는 주택을 공급하며, 상가 세입자나 소상공인들에게는 저렴한 가격에 보유가 가능한 상가를 공급하고, 공공임대주택 입주자들에게는 주거비 부담을 낮춰주는 것이다.

5장에서 다뤘듯이 불로소득 유발형 부동산체제에서 토지 공급을 담당해온 건 LH다. LH가 민간의 토지를 수용해서 택지나 산업단지를 조성한 뒤 다시 민간에 매각해서 개발사업에 투입한 비용을 신속히 회수하고, 그 돈으로 다음 개발사업에 착수하며 남는 돈으로는 적자가 발생하는 공공임대주택 공급 및 운영에 투입하는 것이 50년 동안 이어진 개발사업의 내용이었다.

이런 '매각형' 토지공급 정책이 갖는 문제점은 뭘까? 본질적 문제는 헌법 정신에 부합하지 않는다는 점이다. 말이 좋아서 '수용'이지, 그 본질은 민간의 재산권을 제한하는 것이다. 개발예정지구에 속한 토지는 재산권의 3종 세트인 사용권·수익권·처분권에 심각한 제한이 가해진다. 건물을 짓는 생산활동을 할 수 없고, 처분도 마음대로 못하며, LH에 팔아도 원하는 만큼의 값을 받지 못한다. 이와 같은 재산권 제한의 근거는 헌법 제23조 3항("공공 필요에 의한 재산권의 수용·사용 또는 제한 및 그에 대한 보상은 법률로써 하되, 정당한 보상을 지급하여야 한다")에 나오는 '공공 필요'다.

토지 영역에서 '공공 필요'란 무엇인가? 국민 전체가 이용하는 도로·학교·공원 등과 같은 공공시설 설치와 국민의 주거 안정이 공공 필요라 할 수 있고, 헌법은 이를 위해서는 개인의 재산권을 제한할 수 있도록 허용해준 것이다. 그런데 수용한 토지를 다시 팔아버린다면 어떻게 될까? '공공 필요'의 취지는 민간에 매각하는 즉시 상실

된다.(이원영 2021) 토지를 분양받은 건설사가 그 위에 집을 지어 팔든 상가를 지어 팔든 간에 일단 토지는 이익 추구의 대상이 되고, 그 이익을 국민 일반이 아니라 건설사와 최초 분양자와 그 이후의 소유자가 누리게 되기 때문이다.

어디 그뿐인가? '매각형'은 국민적 동의를 구하기도 어렵다. 다음 페이지의 [도표 12]는 그 이유를 쉽게 이해하기 위해 수용·개발·매각 과정을 예를 들어 설명하고 있다. 농지 혹은 그린벨트 지역으로 있었을 때 평당 50만 원이었던 토지가 개발예정지가 되어 조금 올라 70만 원에 수용되었다면, 토지 피수용자가 20만 원(=70-50)의 불로소득을 누린 것이다. 수용된 토지는 LH가 평당 130만 원의 조성비용을 투입하여 조성원가가 200만 원이 되었고, LH는 이 토지를 평당 400만 원에 건설사에 매각한다. 그러니까 LH는 매각을 통해서 투입된 비용 200만 원을 회수하고 거기에 더하여 200만 원의 토지 불로소득(개발이익)을 환수한다. 건설사는 그 토지에 주택과 상가와 같은 건물을 올려 최초 분양자에게 평당 700만 원에 분양하는데, 이를 통해 건설사는 300만 원(=700-400)의 토지 불로소득을 얻는다. 700만 원에 사들인 최초 분양자는 그 집에서 몇 년 살다가 다음 매수자에게 평당 1000만 원에 매각하여 평당 300만 원(=100-700)의 토지 불로소득을 얻는다. 이런 매각과 매입은 계속 이어지고 땅값은 계속 오르기 때문에 토지 불로소득은 끊임없이 발생한다.

이런 구조하에서 LH가 취할 수 있는 이익극대화 전략이란 수용당하는 토지소유자의 수익권을 더 많이 제한하는 것이다. 다시 말해

[도표 12] 토지의 수용·개발·매각시 발생하는 개발이익 사유화 구조

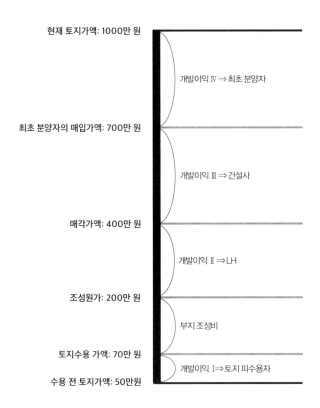

현재 토지가액: 1000만 원

개발이익 Ⅳ ⇒ 최초 분양자

최초 분양자의 매입가액: 700만 원

개발이익 Ⅲ ⇒ 건설사

매각가액: 400만 원

개발이익 Ⅱ ⇒ LH

조성원가: 200만 원

부지 조성비

토지수용 가액: 70만 원

개발이익 Ⅰ ⇒ 토지 피수용자

수용 전 토지가액: 50만원

서 '개발이익 Ⅰ'의 규모를 줄이는 것이 LH의 목표가 된다. 하지만 토
지 피수용자 입장에 이것은 손해다. 보상액수가, 정확히 말하면 불로
소득의 규모가 줄어들기 때문이다. 그러므로 피수용자의 입장에서는
LH가 왜 남의 땅을 싼값에 사서 비싸게 팔아먹냐고 비판해도 할 말

이 없다. 게다가 '개발이익 I'의 규모는 줄이면서 왜 건설사가 누리는 '개발이익III'과 최초 분양자가 누리는 '개발이익IV'는 그대로 두느냐는 비판에도 묵묵부답일 수밖에 없다. 피수용자의 눈으로 보면 LH가 자기 땅을 싸게 사서 건설사와 최초 분양자에게 큰돈을 안겨주는 것이기 때문이다.

예를 들어 1990년대 말에 개발하여 2002년 하반기에 입주한 '부천상동택지개발지구'의 개발이익(불로소득)을 분석한 연구에 따르면 아파트(115㎡ 면적 기준) 1가구를 기준으로 했을 경우, 입주한 지 3년이 지난 2005년의 아파트 가격 3억1000만 원에는 총 1억7683만 원의 개발이익이 포함되어 있는 것으로 나타났다. 전체 개발이익 중 택지개발자(LH)가 거둬들인 개발이익은 470만 원(2.6%), 주택건설업자가 누린 개발이익은 1034만 원(5.8%), 최초 분양자가 누린 개발이익은 1억6180만 원(91.7%)이었다.(권용희 2008, 17쪽)

광교 신도시 개발과정에서 발생한 개발이익 분배과정을 검토한 경실련의 발표(2019. 7. 24) 결과를 봐도 위와 같은 분배 구조는 비슷하다. 광교 신도시의 경우 총사업비는 9조4000억 원이 들었고, 조성원가는 평당 798만 원이었으며, 2019년 현재 전체 개발이익은 14조2626억 원이 발생한 것으로 추정되었다. 이 중 공공이 가져간 개발이익은 7248억 원(5.1%)이고, 건설사는 1조9305억 원(13.5%)을, 최초 분양자는 무려 11조6072억 원(81.4%)의 개발이익을 누린 것으로 나타났다.

이런 과정을 아는 피수용자는 억울할 수밖에 없고 '개발이익 I'

의 규모를 늘리기 위해서, 즉 수용가를 조금이라도 높이기 위해서 백방으로 노력하는 것은 어찌 보면 당연하다고 할 수 있다.

이런 문제를 근본적으로 해결하려면 매각형 토지공급을 '임대형' 토지공급으로 전환해야 한다. 임대형으로 전환되면 토지수용의 헌법적 요구인 공공 필요의 조건이 지속적으로 충족되고, 피수용자 입장에서도 '수용'이라는 절차를 수긍하고 받아들일 수 있게 된다. 자신의 수익권이 제한되기는 하지만, 임대형으로 전환하면 원칙적으로 불로소득인 '개발이익 Ⅲ'과 '개발이익 Ⅳ'는 장기적으로 공공인 LH가 환수하기 때문이다. 즉 '개발이익 Ⅰ'의 규모를 줄이려는 LH의 시도에 반대할 명분이 약해진다는 것이다.

게다가 '임대형' 토지공급으로 전환하면 LH의 운영이 진정 공기업다워진다. 2장에서도 다뤘듯이 '매각형' 토지공급에서는 공사의 안정적 재정 운영과 국민의 주거 안정 및 부동산 문제 해결이라는 과제가 상충할 수밖에 없다. LH는 국민의 주거 안정이 목표라고 하지만 사업구조상 국민의 주거 불안정이 심해져야, 즉 부동산 투기가 기승을 부려야 LH의 순이익이 증가한다. 그리고 더 나아가 주택가격이 폭등하면 주택공급이 부족하다는 논리가 시장에 먹히고 LH에게 개발사업의 기회가 더 생긴다. 한마디로 말해서 LH도 민간 건설사처럼 부동산 투기가 일어나야 이득을 본다는 것이다. 하지만 임대형으로 전환하면 토지임대료로 지대를 제대로 환수하고 토지를 잘 관리하는 것이 LH의 주요 업무가 되고, 그에 따라 부동산 투기도 잡을 수 있으며, 국민의 주거 안정이라는 LH 본래의 목표에 자연스럽게 다가갈 수 있게 된다.

임대형에서 가장 중요한 것은 토지임대료를 제대로 받아 토지가치(지대)를 사유화하지 못하게 하는 것이다. 토지임대료를 시장임대료만큼 받으면 투기는 일어나지 않는다. 하지만 토지임대료가 시장임대료에 미치지 못하면 토지 사용자가 토지가치의 일부를 누릴 수 있기 때문에 투기가 일어나게 된다. 시장임대료와 실제 지불하는 토지임대료의 차이로 나타나는 토지가치가 미래에도 계속 발생된다는 것을 전제로 일종의 땅값이 형성되고, 그 환수하지 못하는 토지가치가 더 커질 것이라고(시장임대료와의 차이가 더 커지는 식으로) 예상하면 형성된 땅값은 폭등한다. 이런 것을 잘 보여주는 사례가 바로 중국이다. 중국은 토지가 국가 소유이고 민간이 사용하는 모든 토지를 임대형으로 공급하지만 토지임대료가 시장임대료에 크게 못 미치기 때문에 투기가 일어나고, 게다가 사회는 빠르게 발전하는 까닭에 부동산 투기로 부동산 가격이 폭등하고 있다. 그리고 토지임대료로 토지가치를 제대로 환수해야 토지 사용자는 임대료를 비용으로 간주하기 때문에 최선의 용도로 사용하려 한다.

한편 LH가 임대형 토지공급 정책으로 전환하면 개발사업을 장기적 관점으로 접근하게 된다는 점도 중요하다. 아무래도 매각형 토지공급 정책에서는 장기적 관점을 갖기 어렵다. 토지를 수용하고 조성해서 결국 민간에 팔아버리면 그만이고, 그 후에 LH에겐 사실상 관리의 책임이 없다. 그러나 임대형 토지공급 정책에서는 소유권을 가진 LH에게 관리의 책임이 항상 뒤따르기에 장기적 관점에서 개발을 고민하게 된다. 그리고 도시 성장에 따른 도시계획 변경이 훨씬 수월하다. 토지를 민간에 매각하면 토지소유자가 셀 수 없이 많아지고 그 소유자도 실사용자가 아닌 경우도 허다해서, 도시가 성장함에 따라 자연스럽게 요구되는 도로 확장이나 공공시설 확충이 매우 힘들다. 또 정부가 많은 돈을 들여 설치한 지하철이나 공원 등으로 인해 인근 땅값이 수직 상승하면서 투기가 일어나는 문제도 있다. 그러나 토지를 LH가 소유하고 있으면 사회적 필요에 따라 도시계획을 짜기 쉽고, 그로 인해 상승한 주변 토지의 가치를 토지임대료에 반영할 수 있으므로 공공시설 설치에 투입한 비용도 장기적으로 회수할 수 있다.

임대형 토지공급 정책의 또 다른 장점은 토지에 대한 진입장벽이 획기적으로 낮아진다는 것이다. 지금은 땅값이 지나치게 비싼 나머지 새로운 사업 아이디어가 있더라도 엄청난 진입장벽이 되고 있다. 하지만 임대 방식에선 사용자가 정기적으로 토지사용료만 납부하면 되기 때문에 진입장벽은 크게 낮아진다.

마지막으로 한 가지 덧붙이면, 임대형 토지공급정책은 제5차 국토종합계획에도 부합한다. 2019년 말에 발표된 제5차 국토종합계획의 의의는 성장과 개발 중심의 국토개발 시대에서 '관리'와 '경영'으로 국토계획의 기조를 전환한 것이다.(강현수 2020) 그러나 지금의 '매각형' 토지공급정책으로는 관리와 경영에서 LH의 역할은 매우 제한적일 수밖에 없다. 관리란 소유권이 LH에 있어야 가능한 것이다. '매각형'을 유지하는 한 제대로 된 관리는 불가능하다.

임대형 토지공급 정책의 수익구조

하지만 임대형으로 전환하게 되면 재정 부담이 늘어나는 것이 아닌가 하는 문제를 제기할 수 있다. 즉 LH의 재정이 취약해져서 정부재정이 LH에 끊임없이 투입되는 것 아니냐는 것이다. 그래서 임대형으로 바뀌어도 LH가 지금처럼 공공임대주택 등의 주거복지 사업을 안정적으로 유지할 수 있는지를 검토할 필요가 있다.

결론부터 말하면, 임대형으로 전환하면 중장기적으로는 재정 안정성이 더 올라간다. 일단 LH가 수용해서 개발하기 전 토지는 주로 농지·임야·그린벨트라는 걸 상기해보자. 이런 토지를 택지나 산업단지로 조성하고 나면 토지가치는 수직으로 상승한다. 그래서 토지수용과 개발에 필요한 돈을 채권으로 마련해도, 토지임대료로 충분히 원리금을 갚아나갈 수 있다. 게다가 토지임대료는 시간의 경과에 따라 계속 올라가기 때문에 재정은 점점 더 여유 있어질 것이다. 그러므로 임대료를 근거로 자산유동화증권ABS: Asset Backed Securities이나 정부가 보증하는 장기공사채권을 발행해도, 그리고 여기에 국민연금을 투자하는 식으로도 안정적 운영은 충분히 가능하다. 채권원금과 이자를 다 갚고도 흑자를 볼 수 있기 때문이다.

이렇게 해서 성공한 예가 미국 뉴욕 로어 맨하탄 서쪽 허드슨 강변에 있는 배터리파크시티Battery Park City다. 배터리파크시티는 임대형 토지공급을 통해서 성공한 대표적인 도시개발 사례. 수면 매립으로 조성한 배터리파크시티는 토지를 공사가 개발하여 임대형으로 토

배터리파크시티의 과거(위)와 현재(아래) 사진. 배터리파크시티는 원래 여객 운송이 활발한 항구 지역이었지만, 자동차와 항공산업의 발전으로 쇠퇴하게 된다. 이에 뉴욕시는 허드슨강을 매립하는 도시재생 계획을 수립하고, 배터리시티개발공사를 설립해 임대 방식의 개발을 실시하게 된다. 그 결과 상업용 건물과 공원 및 박물관 등의 공공시설이 조화를 이루는 지역 개발이 이루어질 수 있었으며, 지속적인 임대료 수입으로 공익에도 이바지하고 있다.

지를 공급했는데, 여기에서 우리가 주목해야 할 점은 성공적인 재정 자기조달 시스템이다. 성공의 원인은 다음 세 가지이다.

첫째, 주 정부의 확실한 재정보증이다. 초기 개발을 위해 주 정부의 보증으로 1972년 배터리파크시티개발공사Batttery Park City Authority가 2억 달러 규모의 장기채권을 발행했다. 2억 달러 중 약 0.45억 달러는 1980년에서 1985년 사이에 순차적으로 만기가 돌아오는 연속상환채권serial bond이었고, 나머지 1.5억 달러는 2014년 만기의 장기채권이었다.(김기호 2001, 137쪽) 둘째, 상승하는 토지가치의 지속적 환수다. 지속적인 임대료 재조정을 통해 재정수입이 계속 증가했다. 셋째, 임대료를 결정할 때 시장원리를 도입했다는 점이다. 이 세 가지 원칙을 실행해 배터리파크시티에서는 부동산 투기가 차단되고, 공공의 재정수입이 증가하여 뉴욕시의 주거복지 비용에 충당할 수 있었다.[33]

이렇게 LH가 토지를 매각하는 것보다 임대하는 것이 헌법 정신에 부합할 뿐만 아니라 장기적으로 재정의 안정성에 도움이 되고, 도시의 필요에 쉽게 대응할 수 있다는 것을 확인했다. 그러니 이제 임대된 토지의 구체적인 이용 방법에 대해서 검토해보자.

부동산 공급은 '토지임대부'로!

공급된 토지는 주택용지·상업용지·산업용지로 이용될 수 있는데, 토지를 매각하지 않고 임대하므로 공급 방식을 모두 '토지임대부'라고 할 수 있다. 그러므로 각각 토지임대부 분양주택, 토지임대

분양상가, 토지임대부 산업단지라고 부를 수 있다. 이제부터 이를 하나하나 검토해보자.

1) 자가보유의 장벽을 획기적으로 낮추는 토지임대부 분양주택

토지임대부 분양주택이란 주택을 분양할 때 토지는 빼고서 건물만 분양하는 방식이다. 사람들은 땅값을 뺀 저렴한 가격에 집만 구매하게 되고, 그 집이 자리한 땅에 대해서는 토지임대료만 매달 내는 식이다.

이 정책의 목표는 두 가지다. 하나는 주택가격의 50% 이상을 차지하는 땅은 팔지 말고 건물만 분양해서 자가보유의 장벽을 획기적으로 낮추는 것이다. 지금까지 우리나라 주택문제의 핵심 중 하나는 자가보유의 장벽이 너무 높다는 것, 즉 집값이 너무 비싸다는 데 있었다. 그런 까닭에 물려받은 재산이 없는 사람들은 큰 금액의 대출을 받아야 했고, 그마저도 힘든 저소득자들은 접근 자체가 불가능했다. 그런데 토지임대부 분양주택을 공급하면 웬만한 사람들은 고액 대출을 받지 않고도 새 집을 마련할 수 있게 된다.[34]

또 하나의 목표는 불로소득을 차단하는 것이다. 지금까지 신규 주택은 비싸긴 해도 분양가가 시가보다 낮았기 때문에, 분양받기만 하면 엄청난 시세차익을 누릴 수 있었다. 예를 들어 주변 시세는 평당 3000만 원인데, 시세의 80%에 분양한다고 하자. 그러면 분양가가 평당 2400만 원이 되니 분양받는 즉시 30평 아파트의 경우에는 1억 8000만 원(=30×600만 원)의 불로소득이 생긴다. 이런 까닭에 시세보다 싸게 분양하는 아파트에 경쟁률이 치솟고 분양받기에 유리한 지역으로 이사하는 사람들까지 생겨나는 것이다. 물론 분양 당첨 후 바로 팔아버리지 못하게 전매제한기간을 2~5년 정도 두지만 별 문제가 되지 않는다. 또 5년이 지나면 평당가격이 더 오를 수도 있으니 빨리 처분할 필요도 없다. 반면에 토지임대부 분양주택은 분양자가 공공에 분양가 그대로 되파는 공공 환매를 하기 때문에 이런 시세차익을 원칙적으로 차단한다.

공공 환매를 하는 이유는 토지임대부 분양주택에서는 토지임대료를 시장임대료로 받을 수 없기 때문이다. 주택에 땅이 포함돼 있지 않으니, 만약 토지임대료를 시장가격으로 받으면 건물로서의 주택 가격은 하락하게 된다. 마치 자동차나 냉장고가 시간이 지나면 가격이 하락하는 것과 마찬가지다. 그런데 이렇게 되면 토지임대부 분양주택은 사람들이 찾지 않게 된다. 이런 까닭에 토지임대료는 시장가격에 못 미치게 하고 공공 환매를 덧붙이는 것이다. 만약 공공 환매 조건을 덧붙이지 않고, 게다가 토지임대료도 시장임대료보다 턱없이 낮으면, 일반 분양주택과 마찬가지로 주택가격이 폭등하고 초기 분양자는 엄청난 시세차익을 누리게 된다.

그런 예가 바로 2011년 강남·서초에 공급한 토지임대부 분양주택이다. 주변 시세의 1/4 수준인 2억2000만 원에 분양되었던 이 아파트의 월 토지임대료는 고작 35만 원(강남 세곡지구 34평 기준)이었다. 택지조성원가를 기준으로 토지임대료를 정했는데, 그린벨트였던 땅이어서 조성원가가 매우 낮았고 결과적으로 임대료도 낮게 책정된 것이다. 이 아파트는 5년 전매제한기간이 끝난 2018년 기준으로 8억 3000만 원이었으며, 2021년 5월 현재는 14억5000만 원(34평)을 넘고 있다. 그런데 집값이 이렇게 오른 이유는 뭘까? 건물은 시간이 지남에 따라 가치가 떨어지기 때문에 건물로서의 집 가격은 당연히 떨어져야 하지 않나? 그 이유는 LH가 토지를 소유하고 있지만, 싼 토지임대료 의 형태로 건물 보유자가 그 토지가치를 누리고 있기 때문이다. 이런 까닭에 주변 시세의 1/4 수준으로 공급했던 토지임대부 분양주택이 10년이 지난 후에 가격이 6.6배 가까이 뛴 것이고, 초기 분양자만 12 억 원이 넘는 불로소득을 누리는 '로또 아파트'로 변질된 것이다.

그렇다면 토지임대료를 정하는 기준은 무엇으로 하면 좋을까? 토 지임대료는 택지조성원가와 감정가 그리고 경쟁입찰가 중에서 감정 가를 기준으로 결정하고, 정기적으로(예를 들어 현재 민간임대시장처럼 2에 1번씩) 임대료를 시장 상황에 맞게 재조정하도록 해야 한다. 임 대료를 조성원가로 하면 시장임대료와 격차가 너무 커서 다른 사람 에게 임대하고 시장임대료와 납부임대료의 차이를 착복하는 전전세 轉傳貰 문제가 발생하기 쉽고, 재정건전성에도 도움이 되지 않는다. 반 면 감정가로 하면 토지임대부 분양주택은 LH에게 흑자 사업이 되고, 그 남는 수입은 배터리파크시티에서처럼 주거복지에 투입할 수 있다.

환매 가격은 그럼 얼마로 하는 것이 좋을까? '분양가+(감정가- 분양가)×보유년수×일정 %'로 정하는 것이 적절하다고 본다. 즉 오 래 보유하고 있을수록 매매차익을 좀 더 보장해주는 것이다. 예를 들 어 1년에 5%씩 더해준다고 했을 때 분양가는 2억이었고 10년이 지나

[도표 13] 토지임대부 분양주택의 임대료 예시

주택 면적	전용 74㎡(30평형)	전용 84㎡(34평형)
토지임대료¹(월)	21만7400원	24만8700원
건물분양가²	1억8000만 원	2억400만 원

주 1: 용적률 300%, 택지 감정가 평당 1000만 원. 동일 평형으로 1000세대 조성시 임대료 추정, 토지임대료 요율 3%
주 2: 경실련(2021. 3. 30)이 제시한 건물분양가

감정가가 3억 원이 되었다면, 환매 가격은 '2억 원+(3억 원－2억 원)
×10×5%(0.05)'로 2억5000만 원이 되는 것이다. 즉 10년 거주하면
5000만 원의 매매차익을 인정해주는 것이다.

그러면 토지임대부 분양주택의 분양가와 임대료는 얼마나 될까?
GH공사(경기주택도시공사)의 시뮬레이션 결과를 바탕으로 검토하면
감정가 평당 1000만 원이고 용적률이 300%인 30평형 아파트이면
토지임대료가 약 22만 원이 되고, 34평형은 25만 원이 조금 넘는다.
물론 감정가 2000만 원이면 토지임대료는 두 배가 될 것이다. 여기
에 경실련이 제시하는 것처럼 건설비 거품을 빼 주택을 평당 600만
원에 공급하면 30평의 새 집을 1억8000만 원, 34평은 2억400만 원에
마련할 수 있게 된다.

이와 같은 토지임대부 분양주택의 장점은 무엇일까? 첫째 무엇보
다 싸게 집을 마련할 수 있다. 집 마련을 위해 무리한 대출은 받지 않

아도 된다. 둘째, 건물의 질이 올라간다. 현재의 분양주택은 토지도 같이 분양하기 때문에 민간 건설사는 건물의 질에 별로 신경을 쓰지 않는다. 건물의 질이 떨어져도 토지에서 엄청난 초과이익을 누릴 수 있기 때문에 그 집을 사는 최초 분양자 역시 건물의 질을 꼼꼼이 따질 이유가 크지 않았다. 그러나 건물만 팔면, 그리고 매입한 주택의 가격이 별로 오르지 않으면 분양자는 신중하게 주택을 선택하게 된다. 이렇게 되면 건설사들끼리의 품질 경쟁이 자연스럽게 이루어지며, 결과적으로 건물의 질이 올라간다.

마지막으로, 토지임대부 분양주택의 성공 조건을 살펴보자.

우선 가장 중요한 것은 앞으로 민간의 토지를 수용해서 주택을 공급할 때는 모두 토지임대부 분양주택으로 공급해야 한다는 점이다. 분양주택이 모두 토지임대부라는 것을 소비자들이 현실로 받아들여야 이 주택의 수요가 계속되고 시장에 정착할 수 있다. 둘째, 기존 주택에서도 매매차익인 불로소득이 여간해서 생기지 않도록 해야 한다. 기존 주택은 가격이 계속 올라서 매매차익을 누릴 수 있는데 토지임대부 분양주택만 매매차익을 누리지 못한다면 당연히 시장에서 외면받게 된다. 이미 공급된 토지임대부 분양주택의 분양자들도 불로소득을 누릴 수 있도록 땅까지 분양해달라고 요구하거나 토지임대료를 낮춰달라고 요구하게 될 것이 불 보듯 뻔하다. 이 지점에서 우리는 부동산 문제는 체제의 관점에서 바라봐야 하며 해법이 종합적이고 체계적이어야 한다는 것을 다시 한 번 확인하게 된다.

2) 토지임대부 분양상가와 토지임대부 산업단지

토지임대부 분양상가는 토지임대부 분양주택과 마찬가지로 상가의 건물만 분양하는 상가이다. 이것 역시 건물만 분양하므로 상가보유의 장벽을 획기적으로 낮출 수 있다. 건축비만 따지면 상가 건물은 평당 400만 원 선에서 분양이 가능하고(매일경제, 2018. 11. 16) 만약 20평이면 8000만 원에 상가를 분양받을 수 있게 되는데, 이렇게 되면 그동안 상가 가격이 너무 높아 임대료에 묶인 신세를 벗어나지 못하는 세입자들과 소상공인들이 자기 건물에서 안정적으로 영업할 수 있게 된다. 그리고 이러한 토지임대부 분양상가가 꾸준히 공급되면, 기존 건물에 세들어 있는 상가 세입자의 처지도 좋아진다. 왜냐면 상가 세입자도 이제 어렵지 않게 자기 가게를 소유할 수 있어서, 건물주에 대한 대항력이 세지기 때문이다.

그러면 상가의 경우에는 토지임대료를 어떻게 정하는 것이 합리적일까? 상가는 주택과 달리 소득이 발생하는 곳이므로 경쟁입찰가를 기준으로 토지임대료를 부과하고, 토지임대부 분양주택과 마찬가지로 토지임대료도 정기적으로 재조정해야 한다고 본다. 그러면 토지임대부 분양상가도 공공 환매가 필요할까? 불필요하다. 왜냐면 토지임대료가 시장임대료에 가까우면 상가 가격은 하락하거나 그대로 유지되기 때문이다. 모든 상가 임차인이 건물 소유자가 될 필요는 없다. 임차와 임대도 시장에서 일어나는 자연스러운 현상이다. 그러나 지금의 상당수 자영업자들이 세입자 신세를 못 벗어나는 이유는 상가가 너무 비싸기 때문이다. 자기 땅에서 농사짓는 것이 소작농의 꿈

이듯 상가 세입자의 꿈도 자기 건물에서 영업하는 것인데, 토지임대부 분양상가는 이를 가능케 해준다.

토지임대부 산업단지도 역시 같은 방식이다. 지금까지 LH가 공급하는 산업단지의 분양가는 조성원가였다. 전매 제한 기간이 있지만 분양받기만 하면 땅값이 올라 엄청난 시세차익을 누릴 수 있었다. 그러므로 기업은 어떻게든지 분양받기 위해서 애쓴다. 그런 노력은 개별 기업에게는 큰 이익을 안겨주지만, 사회 전체로는 무익하고 나아가서 해로울 뿐이다. 그리고 토지를 매입하려면 목돈이 필요하므로 신규기업이나 자금 조달 능력이 열악한 중소기업에게는 매우 불리했다. 그런데 임대를 하게 되면 이런 진입장벽은 사라지고, 신규 기업의 시장 진입과 중소기업의 사업 확장이 훨씬 쉬워진다. 게다가 토지임대부 산업단지에 입주한 기업은 토지 불로소득을 누릴 수 없으므로 기술개발이나 경영혁신으로 이익을 내려 할 것이고, 이것 또한 경제 전체에 활력을 불어넣어줄 것이다.

그러면 토지임대부 산업단지의 토지임대료는 어떻게 정해야 할까? 산업단지 역시 소득이 발생하는 곳이므로 경쟁입찰가를 기준으로 정하고 정기적으로 재조정해야 한다고 본다. 또 토지임대부 분양상가와 마찬가지로 공공 환매는 불필요하다.

토지임대부 분양주택/분양상가/산업단지를 이렇게 운영하면 재정 안정성은 어떻게 될까? [도표 14]를 보면 조성원가보다 높은 감정가와 경쟁입찰가를 기준으로 토지임대료를 정했기 때문에 '순수입'이 개발을 위해 발행한 채권 이자를 넘어서게 되고, 시간의 경과에 따

[도표14] 토지임대부 공급 방식의 수익 구조

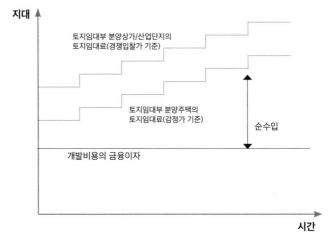

주: 임대료가 계단 모양으로 올라가는 이유는 정기적으로 임대료를 재조정하기 때문이다.

라 계단 모양으로 계속 증가하여 흑자의 규모는 계속 커지게 될 것이다. 그렇게 되면 채권 이자는 물론이고 원금 상환에도 문제가 없다.

3) 재개발/재건축에도 공공'수용'을 적용하자

현재의 재개발/재건축 사업은 사업조건을 충족한 단지의 조합원(주택소유주) 70%가 동의하면 추진할 수가 있다. 동의하지 않은 가구에 대해서는 조합에게 수용권을 부여한다. 앞에서 말했듯이 '수용'이란 개인의 처분·수익·이용권을 제약하는 것인데, 이런 강제 권한을 민간 조합에게 부여하는 근거는 앞서 본 헌법 제23조 3항의 '공공 필요'다. 열악한 주거 환경을 개선하는 것, 쾌적한 도시를 만들기 위해 공원을 설치하고 도로를 넓히는 것 등이 공공 필요인데 100%가 동의해야 재개발/재건축 사업을 진행할 수 있다면 사업의 실현 가능성은 제로에 가깝고 주거 환경 개선은 불가능하기 때문이다.

그러나 그동안 진행되어온 재개발/재건축의 본질이 '공공 필요' 보다는 주택소유주들, 그중에 분담금 납부의 여유가 있는 이들과 건설사들이 용적률 상향 등으로 발생하는 불로소득을 얻는 기회였다는 걸 생각하면 민간 조합에게 이 사업에 동의하지 않는 가구에 대한 수용권을 부여하는 것은 헌법 정신에 부합하기 어렵다. '공공 필요'를 전혀 충족시키지 못하는 것은 아니지만, 재개발/재건축을 통해 엄청난 불로소득이 발생할 뿐 아니라 공급되는 주택 및 상가가 결국 시장에 나오면 투기의 대상이 되기 때문에 공공 필요는 매우 제한적이고 일시적으로만 충족된다.

그런 까닭에 동의하지 않는 가구에 대한 수용권은 공공에게 부여하고, 그렇게 수용된 부동의 가구의 지분에는 앞서 설명한 토지임대부 분양주택과 토지임대부 분양상가를 공급할 것을 제안한다.

이러한 '공공수용 재개발/재건축'에는 여러 장점이 있다. 첫째, 헌법이 말한 '공공 필요'의 요건을 충족시킬 수 있다. 새롭게 공급되는 부동의 가구 지분의 주택은 투기가 차단된 주택, 그러면서 자가보유의 장벽을 획기적으로 낮출 수 있는 토지임대부 분양주택이므로 국민의 주거 안정에 기여한다.

둘째, 재개발/재건축의 비리가 크게 줄어들고 결과적으로 조합원들의 이익은 늘어나게 된다. 조합원 분담금이 부담스러워서 동의하지 않았던 가구의 조합원 자격을 공공이 취득하여 조합원 총회 등 의사결정에 적극적으로 참여하면 사업의 투명성이 높아져 비리도 상당히 줄어들 수 있고, 그 결과 비용 절감의 효과도 나타날 것이다. 예컨대 공공이 참여하면 건설사가 전문성이 없는 민간 조합을 상대로 이런저런 이유를 대며 사업비를 올려왔던 관행, 그리고 조합장과 건설사의 담합과 같은 비리는 크게 줄어들 것이다.(실제로 재개발/재건축 조합장이 사업이 끝나면 감옥에 가는 예가 허다하다.)

셋째, 커뮤니티의 지속성이 높아진다.[35] 기존 재개발/재건축 사업에서 원주민 재정착률이 20~30%에 불과한 이유는 분담금 부담 때문이다. 그런데 분담금이 부담스러운 이들도 수용 보상액으로 토지임대부 분양주택에 충분히 들어갈 수 있고, 용적률 상향으로 늘어난 주택과 상가도 지분만큼 토지임대부로 공급하면 주택 세입자와 상가 세입자의 재정착 가능성도 올라간다. 즉 기존에 형성되었던 커뮤니티가 유지될 수 있다.

넷째, 공공 지분이 늘어 재건축/재개발의 공공성과 투명성은 더 올라갈 수 있다. 재개발/재건축 조합원을 분담금 부담 기준으로 나눠보면 크게 세 종류가 있을 것이다. 첫번째 부류는 분담금을 부담할 여유가 있는 가구, 두번째 부류는 분담금 부담이 버겁긴 하지만 사업에 동의하는 가구, 세번째 부류는 분담금을 감당할 수 없어 동의하지 않고 떠나는 가구다. 만약 세번째 부류 가구에 대해 공공이 수용권을 갖게 되면 이들은 물론이고, 두번째 부류 중에서도 '수용'을 자발적으로 선택하는 가구가 나올 것이다. 자신의 집이 수용되지만 자기 돈

한 푼 들이지 않고 토지임대부 분양주택을 소유할 수 있기 때문이다. 보통 피수용자가 공공에 파는 주택가격이 토지임대부 분양주택의 건물가격보다 높을 것이고, 그렇지 않더라도 피수용자가 부담해야 할 금액은 크지 않게 된다.

예를 들어 피수용 가구의 주택가격이 3억 원이고 토지임대부 분양주택이 2억 원이면 피수용 가구는 현금 1억 원과 함께 토지임대부 분양주택의 소유자가 되는 것이고, 반대로 피수용 가구의 주택가격이 1억 8000만 원이면 2000만 원의 분담금만 부담해서 토지임대부 분양주택이라는 새 집을 얻을 수 있다.

지금까지 재개발/재건축은 개발이익에 기댄, 정확히 말하면 토지 불로소득 사유화에 기댄 사업이었다. 건설사와 돈이 충분한 주택소유주에겐 큰돈을 버는 기회였지만, 분담금이 부담스러운 주택소유주와 주택 세입자와 상가 세입자에겐 그동안 일궈온 커뮤니티를 잃어버리는 충격적인 '사건'이다. 그리고 이런 관행이 계속될 수 있었던 건 재개발/재건축에 동의하지 않은 가구에 대해서 민간 조합이 수용할 수 있는 권한을 가졌기 때문이다.[36]

이제 민간에게 넘겨주었던 수용권을 공공이 되찾아올 때가 되었다. 그것이 헌법 정신에 부합하며, 원거주민들과 기존 조합원들에게도 이득이 될 것이다.

4) 토지와 주택 비축 확대: 토지주택은행 신설[37]

대한민국에 토지은행(landbank.go.kr)이 있다는 것을 아는 사람은 별로 없다. 그도 그럴 것이 이 조직은 활발하게 활동하지 않으며, 더구나 LH 내부의 한 부서가 운영을 담당하고 있는 수준이다. 우리나라에서 공식적인 토지비축은 2009년 2월 「공공토지의 비축에 관한 법」(이하 토지비축법)이 제정되면서 시작되었다. 민간의 토지를 미리 매수하여 비축하고 있다가 개발사업에 활용하자는 것이 토지비축법의 목표였다. 그렇게 하면 토지보상비를 절감하고, 토지 취득이 지연되어 사업기간이 길어지는 것을 방지할 수 있으며, 개발예정지의 토지투기를 차단할 수 있다는 것이다.

이렇듯 토지비축법 추진의 직접적인 계기 중 하나는 토지보상비의 증가였다. 사회발전에 따라 공익 목적의 토지 수요는 점증하고 있는데 토지가격의 급상승[38]으로 보상단가는 계속 증가했기 때문이다. 토지비축법을 통과시키기 전 10년간(1999~2008년) 공익사업에 들어간 용지보상비는 무려 128조 원에 달했다.(한국토지주택공사 2019, 10쪽)

그러나 이런 배경에서 출발한 토지비축의 실적은 매우 저조하다. '2010~2019년 공공토지비축 종합계획' 수립 당시 매년 2조 원 규모씩 총 20조 원 규모의 토지를 비축하는 걸 목표로 했으나, 실제로는 10년 9개월간(2009~2019년 9월) 2921만㎡(2조4503억 원)을 비축해, 목표량의 10분의 1 수준에 그쳤다.(한국토지주택공사 2019, 13쪽) 연도별로 비축 승인 실태를 보면, 2009년 2337만㎡이었으나 2010년에는 그 10분의 1 규모인 245만㎡로 축소되었고, 2012년에는 233만㎡, 2013년에는 68만㎡, 2017년에는 100분의 1인 23만㎡로 줄었다. 특히 2011

년, 2014년, 2015년, 2016년, 2018년에는 승인 실적이 아예 없었을 뿐만 아니라, 토지시장 안정을 위한 수급조절용 토지비축의 경우는 애초에 중장기적으로 10조 원가량 운용하겠다고 했으나 현재까지 실적이 없는 상태다.(박재호 의원실 2019)

물론 효과가 전혀 없는 것은 아니었다. 목표했던 대로 비용을 절감시키는 효과는 있었다. 2012년 선형 사업(도로·철도 등의 건설사업)의 경우 10.4%의 비용이 절감되는 것으로, 단지형 사업의 경우 총보상비의 6.0%(6.1조 원→5.7조 원)가 절감된 것으로 분석하고 있다.(토지은행landbank.go.kr) 하지만 저조한 실적 때문인지, 의지의 부족 때문인지 2차 종합계획(2020~2029년)에서는 1차의 절반에도 못 미치는 총 9조 원 범위에서 비축 유형별 수요에 따라 탄력적으로 운용하는 계획을 수립했다.(국토부 2020. 6. 15)

그렇다면 불로소득 환수형 부동산체제에서 토지비축제도는 어떤 역할을 감당해야 할까? 지금까지의 토지비축제도에서 비축된 토지는 결국 매각이 기본 방향이었다. 다시 말해서 원활한 '매각형' 토지공급정책을 실행하기 위한 수단이었다. 이러한 토지공급정책을 매각형에서 임대형으로 전환함으로써 비축제도의 목표도 성공적이고 지속적인 임대형 토지공급정책 지원에 두어야 한다고 본다. 비축을 확대하면 토지확보 비용이 절감되고, 이는 임대형 토지공급정책의 재정안정성을 더 높여줄 것이다. 그렇게 되면 토지임대부 분양주택/분양상가/산업단지의 안정적인 공급에 도움을 준다.

여기에 더하여 토지만을 비축 대상으로 할 것이 아니라 '주택' 등의 부동산 일반을 포함하는 '토지주택은행'의 신설을 제안하고자 한다. 신설할 토지주택은행의 구체적인 역할과 운영 방법은 다음과 같다.

첫째, 토지주택은행은 지금의 토지 개발 수요가 대규모 신도시 개발보다는 도심지 재개발로 변화하고 있으므로 비축 대상 토지를 미개발지에서 기(旣)개발지로 확대한다. 그래야 재개발/재건축 사업에 공공의 지분과 참여 가능성이 높아질 수 있기 때문이다. 그러나 매매계약을 통한 토지비축은 현실적으로 한계가 있으므로 토지거래허가제도와 연계한 선매제도를 강화하고, 토지비축지구 지정 등 공익사업을 전제로 토지를 수용할 수 있도록 제도를 구축·실행하는 방안을 검토할 필요가 있다.

둘째, 토지주택은행이 부동산시장을 안정시키는 역할을 하도록 한다. 불로소득 환수형 부동산체제가 가동되면 부동산 가격이 하향 안정화가 된다. 때에 따라서는 가격 급락도 대비해야 한다. 예를 들어 앞서 설명한 기본소득형 국토보유세가 실행되면 150만 호나 되는 전국의 빈집을 포함해 228만 명의 다주택자들이 보유한 주택, 집값 하락 흐름에서 나타날 가능성이 있는 이른바 '하우스푸어'가 소유한 주택, 법인이 보유한 비업무용 부동산이 시장에 나오게 될 텐데, 이런 주택과 토지의 일정 부분을 토지주택은행이 매입하는 것이다. 물론 매입한 주택과 토지는 임대를 기본으로 운영한다. 한편 부동산시장이 과열될 때는 공급자 역할도 해야 한다. 이렇게 토지주택은행을 운영하면 공공은 부동산시장의 규칙을 만드는 역할을 넘어 시장의 주요

플레이어로 역할을 할 수 있게 된다. 물론 좀 더 원활한 매수를 위해 매도인이 토지주택은행에게 매각할 때는 양도세 감면과 같은 인센티브를 부여하는 것도 고려할 수 있다. 그리고 경매로 나오는 주택도 선매수권을 활용해 토지주택은행이 매입할 필요가 있다.

셋째, 토지주택은행이 보유하고 있는 부동산의 운영에 협동조합이나 마을기업 등 다양한 주체들이 참여할 수 있도록 한다.

넷째, 토지주택은행은 정부와 국민연금과 도시주택기금 등이 주주로 참여하는 주식회사로 설립하고, 주주에게 부동산 임대수익을 배당하는 형태로 운영한다. 그리고 여기에 일반 국민도 투자자로 참여할 수 있도록 하여 민간의 풍부한 유동성을 흡수하고, 일반 국민도 배당 수익을 누릴 수 있는 구조를 만들 필요가 있다.[39]

마지막으로, 토지주택은행의 매입 대상에 LH가 수용해서 조성한 택지나 산업단지도 포함하는 것을 고려할 수 있다. 지금까지 LH는 조성한 택지나 산업단지를 민간에 매각해서 얻은 개발이익으로 공공임대주택 등의 복지제도를 운영하는 구조였는데, 그 구조를 유지하되 토지주택은행이 매입 주체가 되도록 하자는 것이다.

5) 저소득층 중심의 공공임대주택 공급

우리나라에서 공공임대주택 정책은 소득 1~4분위인 저소득층에 집중하다가 2010년대부터 행복주택이 임대주택의 하나로 들어오면서 중소득층 이상, 심지어 소득 8분위까지도 주거복지 대상에 포함돼 왔다. 변화의 가장 큰 이유는 집값이 크게 올라 중소득층도 자기 소득만으로 주거 안정을 누릴 수 없게 됐기 때문이다. 심각할 정도의 투기적 집값 상승이 주거복지 수요의 대상을 넓힌 것이다.

그러나 부동산 가격의 하향 안정화를 이끄는 기본소득형 국토보유세를 도입하고 토지임대부 분양주택을 지속적으로 공급하면 중소득층 이상은 충분히 스스로 주거 안정을 이룰 수 있을 것이다. 즉 주거복지 수요가 크게 줄어든다는 것이다. 이와 동시에 전국민의 주거권 실현을 위해 저소득층 대상의 주거복지도 대폭 강화해야 한다.

사실 주거복지에서 핵심 과제는 두 가지다. 첫번째는 사회 통합형 공공임대주택을 공급해야 한다는 것, 즉 도시와 멀리 떨어진 곳에 공공임대주택을 집중적으로 공급하지 말고 일반주택 단지 내에 공공임대주택을 공급하는 것이다. 이를 위해서는 토지임대부 분양주택 단지 내에 공공임대주택을 공급하고, 재개발/재건축 단지에 개발이익 환수의 방법으로 공공임대주택을 더 많이 공급하도록 제도를 설계해야 한다. 그리고 앞에서 토지주택은행이 매입한 주택도 일정 정도를 공공임대주택으로 공급하면 사회통합의 의미를 충분히 되살릴 수 있을 것이다.

두번째는 공공임대주택 입주자들의 주거비를 낮춰주는 것이다. 이를 위해서는 공공임대주택 건설과 매입에 들어가는 재정출자의 규모를 늘려야 한다.[40] 주거권이 국민의 기본권에 속하다는 것을 생각했을 때 이를 위해 정부가 더 많은 재정을 투입하는 것은 당연하다. 공공임대주택의 임대료는 결국 정부 재정이 얼마가 들어가느냐에 의해서 결정된다. 예컨대 공공임대주택 중에 영구임대주택의 임대료가 싼 이유는 정부가 공급비용의 85%를 부담하고, 입주자는 공급비용의 15%에 대해서만 임대료를 지불하기 때문이다. 여기에 더하여 주거비를 보조하는 주거급여를 늘리면 저소득층의 실질 주거비는 더 낮아질 것이다. 그리고 기본소득형 국토보유세를 도입하면 저소득층에게 이것이 일종의 주거비 역할을 할 수 있을 것이다.

한편 기본소득형 국토보유세로 땅값이 하향 안정화되면 공공임대주택을 건설하는 데 들어가는 건축비가 줄어들 것이고, 이는 공공임대주택의 임대료를 낮추어 저소득층의 주거권 보장에 한층 도움이 될 것이다.

꼭 강조하고 싶은 건 전국민의 주거권 실현은 주거복지를 획기적으로 높이는 방식으론 해결되지 않는다는 것이다. 분양가를 확 낮춰서 주택을 대량 공급한다고 해결될 일도 아니다. 불로소득 환수형 부동산체제가 가동되어야 비로소 가능해진다. 기본소득형 국토보유세 등을 통해 불로소득을 환수 및 차단하여 투기용 주택이 시장에 나오도록 하고, LH로 대표되는 공기업이 토지공급을 '매각형'에서 '임대형'으로 전환하면서 2억 원이면 내 집 마련이 가능한 토지임대부 분양주택을 끊임없이 공급해주어야 한다. 다시 말해서 주거복지 수요를 획기적으로 낮추는 일이 반드시 선행되지 않으면 안 된다는 것이다. 이와 병행해 공공임대주택 등의 주거복지제도 역시 강화해나갈 때 전국민의 주거권 보장이 이루어질 것이다.

이제 부동산 공급 방식을 바꿀 때가 되었다

지금까지 대한민국에서 50년 이상 진행되어온 부동산 공급 방식에서 발생하는 고질적인 문제는 공급되는 부동산의 가격이 비쌌을 뿐만 아니라 불로소득이 생길 수밖에 없다는 것이었다. 이런 까닭에 웬만한 소득 가지고는 집을 마련할 수 없었고, 어지간한 자본금 가지고는 사업을 시작하기도 어려웠으며, 부동산은 결국 투기의 대상이 되어 점점 진입장벽이 높아져갔다. 이것이 바로 불로소득 유발형 부동산체제의 본질이다.

불로소득 환수형 부동산체제에서 부동산 공급의 핵심은 LH가 민간의 토지를 수용해서 조성한 땅을 팔지 않는 것이다. 대신 2억 원이면 내 집을 마련할 수 있는 토지임대부 분양주택을 공급하고, 8000만 원이면 20평의 상가를 마련할 수 있는 토지임대부 분양상가를 공급하며, 막대한 자금이 없어도 토지의 이용권을 획득할 수 있는 토지임대부 산업단지를 공급해야 한다. 그래야 자기 소득으로 내 집을 마련할 가능성이 획기적으로 높아지고 결과적으로 주거복지 수요도 줄어든다. 그리고 기업은 기술개발이나 경영혁신에 매진하고 새롭고 도전하는 신규 기업이나 유망한 중소기업이 역동적으로 움직이게 된다.

또한 재개발/재건축에 공공수용 방식을 도입해야 한다. 재개발/재건축에 동의하지 않는 가구에 대한 수용권을 공공에게 부여해서 비리를 근절하고 비용을 절감해 결과적으로 원주민 정착률을 높여야 한다. 그리고 공공이 확보한 조합원 지분은 토지임대부 분양주택과 토지임대부 분양상가로 공급해야 한다.

불로소득 환수형 부동산체제에서는 공공이 부동산시장에서 적극적인 역할을 할 필요가 있는데, 이를 위해서 기존 토지은행의 역할을 확대한 토지주택은행을 신설·운영할 필요가 있다. 토지주택은행은 임대형 토지공급정책을 안정적으로 뒷받침하기 위해 토지비축을 더욱 확대하고, 기본소득형 국토보유세 실행의 결과로 시장에 나오는 주택과 토지의 일부분을 흡수하는 적극적 수요자 역할을 해야 하며, 과열기에는 공급자 역할을 맡아야 한다. 공공이 부동산시장의 규칙을 마련하는 것을 넘어서 부동산시장의 조절자 역할을 하자는 것이다.

이와 동시에 공공임대주택의 공급 방식도 수정해야 한다. 주거복지의 대상을 차츰 저소득층으로 한정해 집중하고, 더 나은 공공임대주택을 더 낮은 임대료로 공급해 마침내 전국민의 주거권을 실현해야 한다. 이제 모든 부동산의 공급 방식을 바꿀 때가 되었다.

부동산공화국에서 진정한 민주공화국으로 가는 길

대한민국은 이승만 정부 시기 단행된 성공적인 농지개혁을 통해서 토지공개념의 정신을 어느 정도 구현해본 경험이 있는 나라다. 농지개혁은 지주의 나라를 일거에 자영농의 나라로 바꾸어놓았다. 실로 '그들의 나라'에서 '우리 모두의 나라'로의 변화라고 해도 과언이 아니다. 이런 변화로 모두가 미래에 대한 희망을 품고서 열심히 공부하고 노동했으며, 그 결과 성공적인 산업화가 이루어질 수 있었다. 언제나 어디서나 토지공개념의 구현은 사회 전체를 이롭게 한다.

물론 농지개혁으로 토지공개념이 온전히 구현된 것은 아니었다. 대상을 농지로만 국한했고 도시의 토지는 제외되었다. 농지는 농민에게 직접 분배하는 방식으로 접근하고 도시 토지는 세제로 접근한 대만과 비교되는 점이다. 그러므로 이승만 정부의 농지개혁은 산업화의 밑거름 역할은 했지만 산업화가 진행되면서 나타나는 토지투기 문제에는 속수무책이었다.

이런 까닭에 대한민국은 산업화와 도시화를 거치면서 부동산공화국으로 전락해버리고 말았다. 민간과 공공이 경쟁적으로 불로소득 누리기 경쟁을 해온 것이 그간 우리의 부동산 역사였다.

한두 가지 정책으로는 이 부동산공화국을 해체할 수 없다. 왜냐면 부동산공화국은 반백 년 동안 하나의 '체제'로서 작동해왔기 때문이다. 체제를 해체하고 전환하려면 체제의 본질과 작동 방식, 그리고 그것의 결과를 일관된 논리로 한눈에 파악할 수 있도록 분석함과 동시에, 새로운 체제 형성을 위한 정의론을 세우고 그 정의의 원리를 구현할 수 있는 정책패키지를 제시해야 한다. 이런 관점에서 이 책에서는 대한민국 부동산체제의 본질을 '불로소득 유발형'이라고 규정하고 '불로소득 환수형'으로 새롭게 체제를 바꿀 것을 주장했다. 이 책을 통해 불로소득 환수형 부동산체제를 위한 철학과 원칙, 그리고 실행 가능한 정책패키지를 입체적이고 종합적으로 제시했다. 물론 여기에 있는 정책이 전부는 아니다. 빠뜨린 부분도 있고 역량이 부족해 짧게 다룬 부분도 있다. 하지만 여기에서 제시한 철학과 정책은 50년 동안 이어져온 불로소득 유발형 부동산체제의 전환을 위한 이론적·정책적 기초 역할은 충분히 해낼 것이다.

이제 우리는 마지막으로 우리 자신에게 물어야 한다. 과연 체제전환, 즉 부동산공화국 타파가 정말로 가능한가를 말이다. 이에 대해 대다수의 국민들은 그렇게 되면 좋겠지만, 어렵다고 전망할 것이다.

이미 대한민국 국민들에게 부동산은 사용의 대상이기도 하지만, 부를 축적하는 대상이라는 것이 진리처럼 되어버렸기 때문이다. 부동산 가격이 올라 이득을 보는 것은 당연한 일이라 생각하고, 스스로도 그런 이득을 추구한다. 모두가 부동산 불로소득을 추구하는 사회에서, 자신도 거기서 빠질 수는 없다고 생각할 것이다.

그렇다. 우리 사회의 모든 경제주체들이 부동산 불로소득을 추구하는 이유는, 특별히 욕망이 많아서가 아니다. 부동산 투기를 좋아하는 유전자를 타고나서도 아니다. 개인도, 법인도, 심지어 공기업인 LH도 부동산 불로소득을 추구해야 하는 체제이기 때문이다. 정확히 말해서 그런 경제행위가 개별 주체에게 이익이 되기 때문이다. 이것이 바로 체제가 가진 힘이다. 우리가 인식하지 못하지만 체제는 언제나 압도적인 규정력으로 모든 구성원들을 규율하고 강제한다. 개별 경제주체는 불로소득 유발형 부동산체제를 주어진 조건으로 보고 그 안에서 최선을 다할 뿐이다.

그렇기 때문에 우리는 체제 전환에 집중해야 한다. 불로소득 환수형 부동산체제로 바꾸어 불로소득이 아니라 노력 소득을 추구하게 해야 한다. 이 노력 소득 추구는 사회 전체를 이롭게 한다. 이것이 바로 애덤 스미스가 말한 사익과 공익의 조화다. 이런 사회는 한 사람 한 사람이 모두 성인군자가 되어야 가능한 것이 아니다. 부동산과 관련된 기존 질서 혹은 체제를 전환하면 충분히 가능한 일이다.

50년 동안 쉼 없이 작동해온 불로소득 유발형 부동산체제는 지금 우리 사회를 벼랑 끝으로 내몰고 있다. 2020년 합계출산율이 역대 최저인 0.84로 추락하는 처참한 상황과 청·장년 간 세대갈등의 중심에도 부동산이 있다는 것을 우리는 잘 알고 있다. 이 과정에서 부모에게 물려받은 재산이 없는 사람, 불안정하고 처우가 나쁜 직장에 근무하는 사람들은 더 가난해진다. 이들은 체제 전환을 간절히 원하고 있다. 그런데 가만히 생각해보면 부동산 불로소득의 수혜자들에게도 이 체제가 좋은 것만은 아니다. 사회는 불안해지고 갈등은 심해지며 그로 인해 사고와 사건이 끊임없이 일어난다면? 이런 사회에서는 누구도 살고 싶지 않을 것이다. 심지어 이런 사회는 오래가지 못하고, 파국으로 치달을 수도 있다.

이런 까닭에 불로소득 유발형에서 불로소득 환수형으로 체제를 전환해야 한다고 주장하는 것이다. 지금이 바로 그 전환의 때이다. 정치가 그 역할을 하도록 해야 한다. 방법은 얼마든지 있다. 공평한 기회가 주어지는 세상, 반칙이 없는 경쟁이 보장되는 공정한 세상은 얼마든지 가능하다. 진정한 민주공화국은 멀리 있는 것이 아니라 우리 가까이에 있다.

주註

1) 토지 소유 세대가 전체 세대의 61.3%이므로, 토지 미소유 세대까지 포함한 지니계수를 구하기 위해 100분위 자료의 각 분위별 평균소유액을 각각 1개의 관측치로 하고, 이에 토지소유액 0인 63개의 관측치를 추가하여 지니계수를 산출했다.

2) 통계청, 2019년 가계금융복지조사 결과. 세후 균등화 처분가능소득 기준.

3) 통계청, 2019년 가계금융복지조사 결과.

4) 이명박 정부에서의 초대 환경부 장관으로 내정된 박은경 씨는 인사청문회에서 투기 의혹을 제기하는 질문에 "자연의 일부인 땅을 사랑할 뿐, 투기와는 전혀 상관없다"고 답했다.(서울신문, 2008. 2. 24)

5) 토지에서 발생하는 이익이 불로소득이라는 것에 대해서는 시장주의자인 헨리 조지Henry George, 사회주의자인 카를 마르크스Karl Marx, 자유주의자 존 스튜어트 밀John Stuart Mill, 개혁적 경제학자인 스티글리츠Joseph Eugene Stiglitz가 다음과 같이 공통적으로 말한다.

> 지대는 토지에서 자연히 생기는 것도 아니고 토지소유자의 행위에 의해 생기는 것도 아니다. 지대는 사회 전체에 의해 창출된 가치를 대표한다. 사회에 다른 사람이 없다면 토지소유자로 하여금 토지 보유로 인해 생기는 모든 것을 갖게 해도 좋다. 그러나 사회 전체가 창출한 지대는 반드시 사회 전체의 것이 되어야 한다.(조지 1997, 352~353쪽)

> 토지소유의 경제적 실현[또는 지대의 발달]에서 나타나는 독특한 특수성은, 지대가 결코 지대수취자의 행동에 의하여 결정되는 것이 아니라 [그와는 무관하며 그는 어떤 역할도 하지 않는] 사회적 노동의 발전에 의하여 결정된다는 점이

다.(마르크스 1990, 786~787쪽)

무릇 어떤 사회에서든지 부를 증진하는 방향의 통상적 발전은 언제나 지주들의 소득을 늘려주는 경향을 가진다. 그들이 치르는 어떤 수고나 지출과 상관없이 액수로 보든 공동체 전체의 부에서 차지하는 비율로 보든 그들에게 돌아가는 몫이 커지는 것이다. 말하자면 일하지도 않고 위험부담을 무릅쓰지도 않고 절약하지도 않으면서 잠자는 동안에도 그들은 더 부유해진다. 사회정의라는 일반적 원칙에 비춰볼 때 이런 식으로 부를 취득할 권리가 그들에게 있다고 주장할 수 있는 근거가 무엇인가?(밀 2010, 186쪽)

상위계층 소득의 태반은 지대에서 나온다. 이런 지대는 하위계층으로부터 상위계층으로 돈을 이전시키고, 일부 성원에게는 이익을 주고 나머지 성원에게는 손실을 주는 방향으로 시장을 왜곡해 왔다.(스티글리츠 2013, 433쪽)

6) 이렇게 잠재 자본이득과 귀속임대소득을 소득으로 간주해야 한다는 것은 포괄소득comprehensive income 이론으로 정당화된다. 포괄소득은 헤이그-사이몬스Haig-Simons 소득이라고도 하는데 헤이그(1921)는 "소득은 두 시점 사이에 경제력의 순증가분을 화폐단위로 나타낸 것"이라고 했고, 사이몬스(1938)는 이를 발전시켜 "개인의 소득이란 일정기간 동안 ① 소비한 것의 시장가치에 ② 재산가치의 변동분을 더한 것이다"라고 정의했다.(구찬동·오정일 2011) 이 포괄소득 개념을 적용하면 세입자의 전월세값 지출과 집값 상승 이득을 소득으로 포착하여 사람들 간의 경제력 격차를 제대로 설명할 수 있다.

7) 부동산소득 추산방법에 대한 자세한 설명은 남기업 외(2017)과 유영성 외(2020)와 남기업(2021)을 참조.

8) 한국은행(ecos.bok.or.kr)은 잠재 자본이득을 2018년까지 제공하고 있다.

9) 이 방식은 지니계수 분해 방식에서 가장 널리 사용되며 직관적으로 이해하기 쉬운 장점이 있고, 각 소득 유형의 크기가 변화할 때 불평등 기여도가 어떻게 바뀌는지를 알 수 있다는 장점도 있다. 방법론과 관련된 자세한 내용은 남기업·이진수(2020, 10~11쪽)를 참조.

10) 하지만 그 데이터가 제시한 부동산소득인 매매차익과 임대소득을 사용하지 않았는데, 첫번째 이유는 재정패널데이터의 임대소득은 타인에게 빌려줘서 생긴 임대

소득만을 의미하기 때문이다. 두번째 이유는 재정패널데이터에서 주택 이외의 실현 자본이득은 구할 수 없기 때문이다. 이런 까닭에 재정패널 데이터가 제시하는 유형별 부동산 자산액에 감정평가협회가 제시한 임대료율을 적용하여 임대소득을 구했고 잠재 자본이득은 각 가구의 부동산 자산 총액에 해당연도의 가격상승률을 곱해서 얻은 값을 사용했다.

11) 전세 실거래가지수는 공동주택 중에 '아파트'만 제공하고 있는데, 아쉽게도 생산된 자료가 2014년 1월부터여서 이명박, 박근혜 정부와 비교가 불가능하여 사용하지 않음을 밝힌다.

12) 문재인 정부는 3년 11개월(2017. 5~2021. 4)의 상승률이다.

13) 한국토지주택공사(이하 LH)는 중앙정부가 소유하고 있는 개발회사이다. 물론 지방정부도 개발회사를 운영하고 있다. 예를 들어 서울의 SH공사, 경기도의 GH공사가 이에 속한다. 여기에서는 이러한 개발회사의 대표를 LH로 보고 LH로 통일해서 사용한다.

14) 김수현이 체제의 관점을 제시한 논문은 2014년 논문인데, 그 논문은 이석희와 공동으로 집필한 것이다. 하지만 김수현의 또 다른 연구를 보면 주택에 대한 체제의 관점은 김수현의 관점이라고 해도 된다고 보아 여기에서는 '김수현'을 대표로 간주한다.

15) '임대소득'에는 자기 소유 부동산을 사용하는 사람이 누리는 귀속임대소득도 포함되어 있다.

16) 전체 임금근로자에서 비정규직이 차지하는 비중의 추이는 55.7%(2001년 8월)→50.4%(2010년 8월)→41.6%(2020년 8월)이고, 정규직 대비 비정규직의 월평균 임금의 추이는 52.6%(2001년 8월)→46.9%(2010년 8월)→51.5%(2020년 8월)을 보여주고 있다.(김유선 2020)

17) 전체 노동자에서 중소기업 노동자가 차지하는 비율은 1994년 75.1%였지만 점점 올라 2007년에는 88.4%가 됐고, 이후로도 80% 후반대를 유지하고 있다.(중소기업중앙회)

18) 2009년 2972억 원, 2014년 7109억 원이었던 LH의 당기순이익은 2015년 9801억 원, 2016년 2조2370억 원, 2017년 2조7607억 원, 2018년 2조737억 원, 2019년 2조 2620억 원, 2020년 3조3328억 원으로 높아졌다.(LH 홈페이지)

19) 김수현은 금융 규제를 강조하기는 했지만, 정작 균형추구형 주택체제에서는 예외

를 두었다. 민간임대사업자로 등록하면 은행에서 '사업자 대출'을 받을 수 있게 해 준 것이다. 사업자 대출은 대출 규제와 무관하게 집값의 70~80%까지 돈을 빌릴 수 있는 정책이다.

20) 환수한 지대를 사용하는 방식에는 세 가지가 있을 수 있다. 헨리 조지가 제안한 방식대로 지대를 100% 세금으로 환수하는 대신 생산에 부담을 주는 다른 세금을 감면하는 방식, 모두에게 공평하게 분배하는 기본소득의 재원으로 사용하는 방식, 기존의 복지재정에 충당하는 방식이 그것이다. 하지만 그중에 헨리 조지의 방식에는 롤스가 동의할 거 같지 않다. 롤스는 사회계약 당사자들이 "자기 자신의 기본 권리와 이해관계에 미칠 결과를 고려하지 않고, 전체 이득의 산술적인 총량을 극대화한다는 이유만으로"(롤스 2003, 49쪽) 기본구조를 선택하지 않는다고 했다. 지대를 환수하면서 다른 세금을 감면하면 전체 이득의 총량은 분명히 증대한다. 다른 변수가 없는 한 생산활동에 부담시키는 세금은 낮을수록 생산자 잉여와 소비자 잉여의 총량이 커지기 때문이다. 그런데 어떤 경우에는 삶의 수준이 인간의 존엄성을 지키기 어려운 정도로 떨어지는 상황이 발생할 수도 있으므로 계약 당사자들은 헨리 조지 방식보다 위험을 회피하고 자존감의 경제적 기반을 제공할 수 있는 복지재정 확충이나 기본소득의 재원으로 사용하는 것을 선택할 가능성이 높다. 롤스는 "원초적 입장에 있는 사람들이 그들의 기본적 자유가 효과적으로 발휘된다는 점을 안다면, 그들이 작은 자유나마 더욱 큰 경제적 이득과 교환하려 하지는 않을 것이라는 점을 가정해왔다".(롤스 2003, 692쪽)

21) 그러면 노직이 만든 사회계약 상황에서 그 당사자들은 환수한 지대를 어디에 쓰는 것에 동의할까? 헨리 조지가 제안한 방식대로 지대를 100% 세금으로 환수하는 대신 생산에 부담을 주는 다른 세금을 모두 감면하는 방식, 기본소득의 재원으로 사용하는 방식, 복지재정에 충당하는 방식 중 어떤 것일까? 세 가지 모두 선택 가능하다. 롤스와 달리 노직에게 헨리 조지의 방식은 유력한 선택지 중 하나가 된다. 그것이 노직이 중시하는 사유재산권 원리를 잘 충족시키기 때문이다. 환수한 지대를 기본소득의 재원으로 사용하는 것도 동의 가능성이 있는 이유는 그런 방식이 개인의 자유를 극대화할 수 있기 때문이다. 기본소득은 소득 여부, 나이, 성별 등을 전혀 묻지 않기 때문에 최소국가를 지향하는 노직의 논리에 잘 부합한다. 그리고 복지의 재원으로 사용하는 것도 노직이 중시하는 '경쟁적' 시장 형성에 도움이 된다.

22) 이하의 논리는 장하성의 『한국 자본주의』에서 크게 영향받았음을 밝혀둔다.

23) 공공주택특별법 개정안은 미공개 정보를 부적절하게 사용한 공직자에게 투기 이익에 따라 최대 무기징역에 처할 수 있도록 했고, 한국토지주택공사법 개정안은 LH 임직원과 10년 이내 퇴직자가 미공개 정보를 이용해 부동산을 거래하면 이익을 모두 몰수·추징하고 5년 이하의 징역이나 얻은 이익의 3~5배 벌금에 처하도록 했다. 또한 공직자윤리법 개정안은 LH 등 부동산 관련 업무를 하거나 부동산 정보를 취급하는 공직유관단체 직원은 모두 재산 등록을 하고, 재산 등록 의무자와 이해관계인은 직무 관련성 있는 부동산의 취득 역시 제한되도록 했다. 마지막으로 공직자의 이해충돌방지법안은 부동산을 직접 취급하는 공공기관 공직자가 자신이나 배우자, 생계를 같이하는 직계존비속(배우자의 직계존비속으로서 생계를 같이하는 경우 포함)이 업무와 관련된 부동산을 보유·매수하는 경우 신고해야 하는 것을 핵심으로 하고 있다.(부동산을 직접 취급하지 않는 공공기관의 공직자라도 소속 공공기관이 택지개발, 지구 지정 등 대통령령으로 정하는 부동산 개발 업무를 하는 경우에는 마찬가지로 신고해야 한다.)

24) 보유세의 전가가 항상 논쟁이 되는데, 이론적으로는 공급이 완전 비탄력적인 재화인 토지는 보유세 떠넘기기가 불가능하다. 그러나 현실에서 토지소유자들이 힘이 세기 때문에 일부 전가가 가능하지만, 강화된 보유세가 계속 유지되면 전가는 더 어려워진다. 이에 대한 자세한 내용은 남기업(2012, 109~113쪽) 참조.

25) 문재인 정부는 2021년부터 2023년까지 1세대 1주택 6억 원 미만 주택에 한해서 재산세를 0.05%p 인하했고, 최근에 여당인 더불어민주당은 재산세 감면 대상을 6억 원에서 9억 원으로 늘리겠다는 방안을 발표했다.

26) 국토보유세라는 명칭은 김윤상 경북대 명예교수가 2003년부터 사용했으나, 여기서 제시하는 국토보유세와는 과표와 세율 구조에서 큰 차이가 있다. 지금의 국토보유세의 초기 형태는 전강수(2008; 2012) 교수가 제시한 적이 있고, 기본소득과 연계된 명실상부한 기본소득형 국토보유세는 2016년 전강수 교수의 주도하에 남기업 소장과 강남훈 교수와 이태경 부소장의 협력으로 설계되었으며, 이것을 2016년 말 민주당 대통령 후보 경선에 참여한 이재명 예비후보(당시 성남시장)가 공약으로 발표했다. 그 후 기본소득형 국토보유세는 학술 논문지(남기업·전강수·강남훈·이진수 2017; 전강수·강남훈 2017)에 게재되었고, 2019년 11월 국토부가 상세한 토지 소유 통계를 발표하여 2017년 연구의 한계가 극복될 수 있었으며, 이

를 통해 다양한 과세구간과 세율 체계를 적용·시산試算하여 오늘에 이르게 되었다. 마지막으로 이 책에서 제시한 누진세 시산은 토지+자유연구소 이진수 연구위원 에게 도움을 받았음을 밝혀둔다.

27) 2019년 세대수(22,481,466)와 2020년 세대수(23,093,108) 증가율을 통해서 추산 했음.

28) 통계청(kosis.kr)이 제공하는 '2019 토지 소유 현황'의 토지 소유 구분별 기본 현황에 나타난 공시지가 합계에서 국유지, 시도유지, 시군유지를 제외해서 2019 년 민간 보유 토지의 공시지가 총합을 구하고, 여기에 2018년 공시지가 상승률 (8.04%)과 2019년 공시지가 상승률(8.86%)의 평균(8.45%)을 적용했다.

29) 2021년 민간 보유 토지 시가는 한국은행이 제공한 2019년 민간보유토지 시가 총 액에 2018년 지가상승률 8.06%와 2019년의 지가상승률 6.69%의 평균 7.34%를 이용해서 추산한 것임.

30) 누진 1은 '1억 원 이하'에는 0.5%의 세율을, '1억 원 초과~5억 원 이하'에는 0.7% 를, '5억 원 초과에서 10억 원 이하'에는 0.9%의 세율을, '10억 원 초과에서 50억 원 이하'에는 1.1%의 세율을, '50억 원 초과에서 100억 원 이하'에는 1.3%의 세율 을, '100억 원 초과'에는 1.5%의 세율을 적용하고, 누진 2는 같은 과세구간에 0.5%, 0.7%, 1.0%, 1.3%, 1.6%, 2.0%의 세율을, 누진 3은 0.7%, 0.8%, 0.9%, 1.1%, 1.3%, 1.5%의 세율을 각각 적용한다.

31) 빈집은 해마다 107만 호(2015년)→112만 호(2016년)→126만 호(2017년)→142 만 호(2018년)→152만 호(2019년)로 증가했는데, 이런 빈집의 상당수도 매매시 장과 임대시장에 나올 확률이 매우 높다.

32) 물론 헨리 조지가 제안한 대로 지대를 100% 세금으로 환수하면 부동산 투기는 완전히 사라진다. 또한 김윤상(2009)이 제안한 대로 지대에서 현재(혹은 매입) 지 가의 이자를 공제한 나머지를 환수하는 이자 공제형 지대세를 도입해도 부동산 투기는 완전히 사라진다. 그러나 이렇게 하려면 과세표준을 교환가치인 지가에서 사용가치인 지대로 변경해야 하고, 이것은 정부가 공시지가를 평가하는 것처럼 모든 토지의 공시지대를 측정해서 제공해야 가능하다.

33) 배터리파크시티의 증가하는 재정수입의 내용은 다음과 같다. 배터리파크시티 는 처음에는 저소득층 20%, 중산층 60%, 고소득층 20%의 주거공급을 구상했 지만, 실제는 소득계층과 관계없이 시장임대료를 징수하는 토지임대부 분양

주택을 공급했고, 대신 저소득층 주거공급은 뉴욕시의 주거복지에 재정 지원을 하는 방식으로 변경했다.(The Manhattan Community Board 1 Affordable housing task force 2012, 24쪽) 1987년 배터리파크시티개발공사는 토지임대 수익 중 10억 달러를 뉴욕시의 저소득 주택자금 조달에 사용될 것이라고 발표했고(Akosua Barthwell Evans 1989, 230쪽), 1999년 배터리파크시티 연간 보고서에 따르면 저소득층 주거공급을 위해 뉴욕시주택공사New York City Housing Development Corporation가 발행한 2억 달러 규모의 채권에 대한 이자 1100만 달러를 배터리파크시티개발공사가 납부했다.(김기호 2001, 131쪽) 2010년 배터리파크시티개발공사는 뉴욕시와 저소득층 주거 지원을 위한 Housing Development Corporation(HDC) 421-A fund에 2억 달러를 지원하기로 협약하여(the Manhattan Community Board 1 Affordable housing task force 2012, 24쪽) 2015년 지원을 완료했다.(Batttery Park City Authority 2015, 5쪽) 배터리파크시티의 사례는 제대로 운영하기만 하면 토지임대 정책이 황금알을 낳는 거위가 될 수 있다는 것을 보여준다.

34) 독일은 자가보유를 늘리는 방향 대신 다주택자들에게 혜택을 주는 동시에 세입자 권리 보호 강화를 선택했다. 그 이유는 집값이 높은 상황에서 자가보유율을 높이려면 부동산금융이 활성화되어야 하는데 그렇게 되면 금융이 불안정해질 수 있다고 봤기 때문이다.

35) 재개발/재건축 사업에서 해당 지역 주민들의 재정착률에 관한 통계는 없지만, 서울의 경우에는 대략 20~30% 수준으로 보고 있다. 다시 말해서 재개발/재건축 사업을 하게 되면 5명 중 4명이 살던 터전에서 나가게 된다는 것이다.(국민일보, 2019. 11. 17)

36) 현재 문재인 정부에서도 2020년 8.4대책과 2021년 2.4대책에서 1/2이 동의하면 공공이 주도하는 재개발/재건축을, 2/3가 동의하면 공공이 전면 수용하는 재개발/재건축을 제안했지만, 이 방식도 결국에는 임대주택을 제외한 나머지 조합원 분양분과 일반 분양분은 기존 방식으로 분양하는 것이다.

37) '토지주택은행'은 세종대 임재만 교수와 미래에셋증권 이광수 수석연구위원에게서 아이디어를 얻었음을 밝혀둔다.

38) 2001년 2.91배였던 GDP 대비 총 지가는 2005년 3.72배, 2006년 4.15배, 2007년 4.39배, 2008년 4.26배, 2009년 4.30배, 이렇게 계속 증가했기 때문에 보상단가의

부담이 커진 것은 당연한 이치다.(한국은행 경제통계시스템 ecos.bok.or.kr)

39) 이 단락의 내용은 미래에셋증권의 이광수 수석연구위원의 아이디어에 전적으로 의지했음을 밝혀둔다.

40) 공공임대주택을 위한 재정투입에는 대표적으로 2015년에 시작한 '주거급여'와 공공임대주택공급을 위한 '재정출자'가 있다. 정부지출을 늘리기 위해서는 주택부문의 재정지출을 재량지출에서 의무지출로 개정해야 한다.(봉인식·최혜진 2019, 9쪽)

참고문헌

학술논문 및 단행본

Akosua Barthwell Evans, 1989, "Current Topics in Law and Policy : Battery Park City—A Model for Financing Low Income Housing?" *Yale Law & Policy Review* Vol. 7., pp. 229~250.

Batttery Park City Authority, 2015, Annual report.

Eleanor D. Craig, 2003. "Land Value Taxes and Wilmington, Delaware: A Case Study," Working Papers 03-14, University of Delaware, Department of Economics.

Haig, Robert M., 1921, "The concept of income-economic and legal aspects," *The Federal Income Tax*, edited by R. M. Haig, pp. 1~28, New York: Columbia University Press.

Lerman, Robert I, and Shlomo Yitzhaki, 1985, "Income inequality effects by income source: a new approach and applications to the United States," *The review of economics and statistics*, pp. 151~56.

Lincoln Institute of Land Policy and Minnesota Center for Fiscal Excellence, 2020, "50-State Property Tax Comparison Study: For Taxes Paid in 2019."

Oates, Wallace E and Schwab, Robert M. 1997. "The impact of urban land taxation: The Pittsburgh experience." National Tax Journal. Vol. 50, No. 1.

Schechtman, Edna, and Shlomo Yitzhaki, 1999, "On the proper bounds of the Gini correlation," Economics letters, Vol. 63. No. 2., pp. 133~138.

Simons, Henry C. 1938. *Personal income taxation: The definition of income as a problem of fiscal policy*, Chicago University.

The Manhattan Community Board 1 Affordable housing task force, 2012, "Affordable Housing in Lower Manhattan."

Vickrey, William, 2001, "Site Value Taxes and the Optimal Pricing of Public Services" in Giacalone, J. A. et al. eds., *The Path to Justice*, Blackwell Publishing. pp. 85~96.

감정평가사협회·감정평가기준위원회, 2016. 10., 『평가실무매뉴얼(임대료감정평가편)』

강현수, 2020, 「제5차 국토종합계획(2020~2040): 인구감소시대 국토개발에서 국토관리로」, 『도시정보』 455, 4~5쪽.

구찬동·오정일, 2011, 「우리나라의 포괄소득 측정 및 정책적 함의」, 『행정논총』 49 (3), 251~273쪽.

권용희, 2008, 「개발이익은 누구의 몫인가? 공공택지 개발사례를 통한 시장참여자별 내부수익률 비교 : 부천상동택지개발지구를 중심으로」, 부동산포커스.

국정브리핑 특별기획팀, 2007, 『대한민국 부동산 40년』, 한스미디어.

김경환·손재영, 2011, 『부동산 경제학』, 건국대출판부.

김기호, 2001, 「도시개발의 새로운 접근 1 : 배터리 파크 시티의 경험과 교훈」, 『환경논총』 39호, 127~144쪽.

김수현, 2011, 『부동산은 끝났다 : 우리 삶에서 가장 중요한 곳, 다시 집을 생각한다』, 오월의봄.

김윤상, 2009, 『지공주의 : 새로운 토지 패러다임』, 경북대학교출판부.

김헌동·안진이, 2020, 『김헌동의 부동산 대폭로 : 누가 집값을 끌어올렸나』, 시대의 창.

남기업, 2012, 「토지세와 조세대체 전략」, 김윤상·조성찬·남기업 외, 『토지정의, 대한민국을 살린다』, 평사리.

남기업 외, 2017, 「부동산과 불평등 그리고 국토보유세」, 『사회경제평론』 제54호, 107~140쪽.

남기업, 2021, 「대한민국 부동산 불평등 실상과 해법」, 용혜인 의원실 용역보고서.

남기업·이진수, 2020, 「부동산이 소득 불평등에 미치는 영향에 관한 연구」, 『토지+자유 리포트』 Vol. 18.

노직, 로버트, 남경희 옮김, 1997. 『아나키에서 유토피아로』, 문학과지성사.

밀, 존 스튜어트, 박동천 옮김, 2010, 『정치경제학 원리 4』, 나남.

롤스, 존, 김주휘 옮김, 2016, 『공정으로서의 정의: 재서술』, 이학사.

롤스, 존, 황경식 옮김, 2003, 『정의론』, 이학사.

리카도, 데이비드, ·정윤형 옮김, 1991, 『정치경제학 및 과세의 원리』, 비봉출판사.

박명호, 2013, 『2012 경제발전경험모듈화사업 : 한국의 농지개혁』, 기획재정부.

박헌주, 1998, 「토지비축의 필요성과 정책방향」, 『토지연구』 9(3), 32~42쪽.

봉인식·최혜진, 2019, 「새로운 길을 찾는 공공임대주택」, 『이슈&진단』 No. 355.

스미스, 애덤 지음, 김수행 옮김, 1992, 『국부론 上』, 두산동아.

스티글리츠, 조지프, 이순희 옮김, 『불평등의 대가』, 열린책들.

신진욱, 2011, 「국제비교 관점에서 본 한국 주거자본주의 체제의 특성」, 『동향과 전망』 Vol. 81., 113~156쪽.

유영성 외, 2020, 「기본소득형 국토보유세 도입과 세제개편에 관한 연구」, 경기연구원.

이석희·김수현, 2014, 「한국 주택체제의 성격과 변화 : 동아시아 발전주의 국가의 특성을 중심으로」, 『공간과 사회』 Vol. 48., 5~37쪽.

이선화, 2016, 「부동산 자산 분포 및 재산과세 부과 특성 분석」, 한국지방세연구원.

유종성, 2016, 『동아시아 부패의 기원: 문제는 불평등이다. 한국 타이완 필리핀 비교연구』, 동아시아.

이성재·이우진, 2017, 「샤플리값을 이용한 한국의 소득 및 자산 불평등의 원천별 기여도 분석」, 『한국경제의 분석』 23 (1), 57~109쪽.

이종철, 2018, 「한국의 가계소득 불평등과 근로소득의 역할」, 『경제발전연구』 Vol. 24.

No. 3., 35~68쪽.

이진순, 2005, 「부동산세제의 근본적 개혁방안」, 한국조세연구원.

이창무, 2020, 「문재인 정부 부동산정책의 비판적 평가」, 『한국행정연구』 통권 63호, 37~75쪽.

이창무, 2010, 「다주택자에 대한 사회적 논란과 그 해법」, 『주택연구』 제18권 1호, 185~215쪽.

이창무, 2015, 「고성장기 부동산 관련 규제 및 공공의 역할에 대한 평가」, 『부동산 도시연구』 Vol.8. No.1., 5~26쪽.

이창무·나강열·구자훈, 2004, 「아파트 분양가조정과 개발이익분배」, 『주택연구』 12(2), 89~110쪽.

이혜미, 2020, 『착취도시, 서울』, 글항아리.

전강수, 2012, 『토지의 경제학: 경제학자도 모르는 부동산의 비밀』, 돌베개.

전강수·강남훈, 2017, 「기본소득과 국토보유세」, 『역사비평』 제120호, 250~281쪽.

정의철·김진욱·하두나, 2009, 「부동산소득이 소득불평등에 미치는 영향 분석」, 『주택연구』 17 (2), pp. 5~28.

장하성, 2014, 『한국 자본주의 : 경제민주화를 넘어 정의로운 경제로』, 헤이북스.

장하성, 2015, 『왜 분노하지 않는가』, 헤이북스,

조지, 헨리, 김윤상 옮김, 1997, 『진보와 빈곤』, 비봉출판사.

카를, 마르크스 , 김수행 옮김, 1990, 『자본론 Ⅲ(下)』, 비봉출판사.

한국조세재정연구원, 2021, 「주요국의 부동산 관련 세부담 비교」, 『재정포럼』 Vol. 298., 54~61쪽.

한국토지주택공사, 2019, 「토지은행 10년의 기록」, 토지은행 10주년 자료집.

언론기사 및 보도자료

경실련, 2021년 3월 30일, 「SH공사 14년간 공공분양으로 3조 1천억 폭」 보도자료

경실련, 2019년 9월 24일, 「10년간 증가한 주택의 절반, 250만 호를 다주택자가 사재기」 보도자료

경실련, 2019년 7월 24일, 「공공이 땅장사 안 했다면 13조 원 민간로또도 없었다」 보도자료

경실련, 2019년 2월 26일, 「5대 재벌 토지자산(땅값) 실태 조사 기자회견」 보도자료

경실련, 2019년 8월 7일, 「5개 건설사 '로또택지' 당첨으로 6조3천억 원 분양수익 챙겨」 보도자료

경실련, 2020년 10월 14일, 「지난 30년 서울 아파트, 전세가 변동 분석 : 무주택 세입자 주거 안정 위해 뛴 집값부터 낮춰라!」 보도자료

경실련, 2019년 7월 24일, 「공공이 땅장사 안 했다면 13조 원 민간로또도 없었다」 보도자료

『경향신문』, 2021년 4월 1일, 「광양시장 '도로 개설' 공약 내건 땅, 당선되자 부인이 대거 사들였다」

『국민일보』, 2021년 1월 1일, 「부동산이 왜? 불로소득 아냐" 국민들 생각 달라졌다」

『국민일보』, 2019년 11월 17일, 「원주민 쫓아내는 재개발·재건축… 서울 경우 재정착률 20%대 추산」

국토부, 2018년 1월 15일. 「'임대주택 등록활성화 방안' 발표 후 임대등록 급증」 보도자료

국토부, 2019년 1월 13일, 「12월 신규 임대사업자 14,418명 및 임대주택 36,943채 등록」 보도자료

국토부, 2020년 4월 23일, 「20년 1분기 신규 임대사업자 3.0만명 및 임대주택 6.2만호 등록」 보도자료

국토부, 2020년 6월 15일, 「토지은행, 장기미집행 공원·도시재생에서 적극적 역할 추진」 보도자료

국토부, 2021년 2월 4일, 「공공주도 3080+: 대도시권 주택공급 획기적 확대방안」 보도자료

『매일경제』, 2021년 4월 12일, 「고위공직자 398명 재테크, '강남3구 마용성'…금천·강북구는 한채도 없다」

문화체육관광부, 「대한민국 정책브리핑—정책위키 한눈에 보는 정책, 부동산정책」, 최종수정일 2020년 9월 24일(www.korea.kr/special/policyCurationView.do?newsId=148865571)

박재호 의원실, 2019년 10월 4일, 「공공토지비축 10년 '속 빈 강정'…일몰 위기 공원 비축 시급」 보도자료

『민중의소리』, 2020년 7월 29일, 「주호영 23억, 박덕흠 73억…부동산 시세차익 얻고서 세입자 법안 막는 통합당」

『서울신문』, 2008년 2월 24일, 「박은경 '땅을 사랑할 뿐' 해명이 기가 막혀」

『서울신문』, 2014년 1월 8일, 「8년 전 판교 테크노밸리 부지 헐값 매각 뜯어봤더니」

손하영, 2020년 7월 22일, 「아파트 갭투자로 몇십억… 일하기 싫어졌다」, 『오마이뉴스』

심상정 의원실, 2019년 10월 4일, 「부동산 투기의 핵심은 대기업…」 보도자료

『연합뉴스』, 2018년 6월 19일, 「가구당 순 자산 3억8천867만 원…75%가 부동산에 집중」

이원영, 2021년 3월 4일, 「핵심은 국가의 땅장사…그 땅을 팔지 마라」, 『오마이뉴스』

전강수, 2008년 11월 27일, 「'그래, 차라리 종부세의 종언을 고하자': 국토보유세를 새로운 보유세로」, 『프레시안』

『중앙일보』, 2018년 7월 24일, 「접경지 토지시장 후끈…파주시, 전국 땅값 상승률 1위」

『한겨레』, 2020년 8월 30일, 「'연소득 대비 집값' 서울은 12배, 뉴욕·런던보다 월등히 높다」

『한겨레』, 2020년 8월 6일, 「경실련 '부동산 정책 관련 고위공직자 36%가 다주택자'」

『한겨레』, 2018년 11월 20일, 「밀어버린 달동네, 밀려나 20년째 '비닐집' 사는 할머니」

『한국경제』, 2020년 11월 14일 「'4억 싸게 내놔도 전세가 안 나가요'…과천에 무슨 일이?」

공공기관 통계 및 웹사이트

국가통계포털(kosis.kr)

중소기업중앙회(kbiz.or.kr) 중소기업통계DB '중소기업 현황'(각년)

토지은행(landbank.or.kr)

통계청(kostat.go.kr)

한국부동산원(reb.or.kr)

한국은행경제통계시스템(ecos.bok.or.kr)

한국토지주택공사(lh.or.kr)

economist.com

stats.oecd.org

찾아보기